転職の鬼100則

早川勝
Masaru Hayakawa

明日香出版社

まえがき

本書は、今もなお、現役の採用・人事のプロとして**「中途入社組」の〝生態〟に触れながら、常に、最新の情報を収集している私が書いた、実践的な「転職本」**である。

私は現在、生命保険会社の本社に籍を置き、採用推進を主な仕事としている。

特に、この4年間においては、応募者の「最終面接」を来る日も来る日も担当し、その分母となる数万人の応募者の中から、数百名程度にまで厳しくふるい落とす、〝鬼〟のジャッジメントに明け暮れてきたわけだ。

さらに、それ以前の20年間をさかのぼると、生保業界の営業所長・支社長として、ヘッドハンティングやスカウト活動にも従事し、転職する人たちの「心」に寄り添ってきた。

人生の大半をリクルート活動に捧げてきたといっても過言ではない。

かくいう私自身も、ビジネスの最前線でもまれながら6回の転職を経験し、まさに**キャ**

リアアップを実現してきた、その当事者である。

私は〝採用の鬼〟であると同時に、〝転職の鬼〟でもあるのだ。

したがって本書は、「何とかキャリアコンサルタント」などの肩書きを持つ偉い先生方の著書とは、まったく**異次元の視点で書かれている。**１００も並んだメッセージは、類書のセオリーとは一線を画し、自らの経験則から導き出した「鬼のような説教」ともいうべき、ある種の暴論であるかもしれない。それを暑苦しいと感じる人もいるだろう。

しかしどうやら、そんな私の説教を待つ読者もいるようなのだ。それは、前作『リーダーの鬼１００則』、前々作『営業の鬼１００則』が何万部と売れ、多くの人が〝鬼からのメッセージ〟を受け入れてくれたのが、何よりの証拠だ。なんとも、ありがたい話であり、世の若者もまだまだ捨てたもんじゃないと思う。

よってここに、三たび〝鬼の筆〟を執るに至った。**転職予備軍の彼らだって、今求めているのは、ストイックな救世主からの「愛のある喝」であるに違いない**のだ。

はじめに「ごめんなさい」と謝っておくが、ぜひ読んでください的な丁寧な文章にはなっていない。グズだの臆病者だのと、失礼極まりない「毒舌」の嵐が続く。

とはいえ本書は、転職を考えていない人が読んでも大いにインスパイアされるし、まじめに転職を検討している人にとっては、恰好の指南書になるだろう。

もうすでに「転職に失敗してしまった」という人であれば、**人生をV字回復させる〝座右の書〟になる**に違いない。

やはり、いざ転職となれば、恐いに決まっている。転職初心者はもちろん、2度目、3度目の転職ともなれば余計だろう。**もう絶対に失敗したくない。**

それでいて、近くに相談できる専門家などは、ほぼいないのが普通だ。信頼できそうな身内に相談したところで、やみくもに「反対」されるのが、せいぜいである。

そこで私が、〝転職の真実〟を5章にわたって伝えることとなった。かつてここまで書いた「転職の参考書」は存在しなかったと断言してもいい。それほどのクオリティである。

第1章は、「鬼選択」。

「自分に合った仕事が見つからない」というそんな迷える子羊たちへ、**会社の〝選び方の真髄〟を教えてあげたい。**


第2章は、「鬼決意」。

「閉塞感の中でマンネリ化している。転職してやり直したいけど勇気がない」というチキンハートな若者へ、**〝第一歩〟を踏み出すその背中を押してあげたい。**


第3章は、「鬼面接」。

「人前に出ると緊張してしまい、自分をアピールするのが苦手だ」というええかっこしいの優等生へ、**〝傾向と対策〟の完全版を届けたい。**


第4章は、「鬼捨離」。

「現状への執着を手放せず、後ろ髪を引かれっ放しだ」という断捨離の本質がわかっていないキャリアアップ組へ、**現職を辞めるための〝具体的なステップ〟を伝授したい。**

第5章は、「鬼思考」。
「これから先が見通せなくて、将来が不安だ」という人生の袋小路で立ち止まっているビジネス戦士へ、**さらなる〝覚悟〟を注入したい。**

すべての転職予備軍に向け、具体的にどんな転職活動をすれば、成功できるのか、その〝鬼の奥義〟を100のメッセージに乗せて伝えきる。

読了後のあなたは、「今すぐ、キャリアアップにチャレンジしたい」と、鬼のような雄叫びを上げ、転職戦線へ殴り込みをかけたくなるに違いない。
本書が、あなたの「心の中の鬼」を目覚めさせる一助になってくれたら幸いである。

2020年2月吉日

早川　勝

転職の鬼100則　もくじ

まえがき

第1章 Selections ～鬼選択～

第2章 Decisions ～鬼決意～

第3章 Interviews ～鬼面接～

第4章 Organizes ~鬼捨離~

第5章 Thoughts ～鬼思考～

カバーデザイン：西垂水 敦・市川 さつき（krran）

第 1 章

Selections
~ 鬼選択 ~

自分の生きる人生を愛せ
自分の愛する人生を生きろ。

ボブ・マーリー

美しい景色を探すな
景色の中に美しいものを見つけるんだ。

オノ・ヨーコ

鬼100則 01

「社畜」になるな

働き方の「多様化」が叫ばれている昨今だ。**従来型の人事制度や勤務体系では、もはや成り立たなくなっている**のではないだろうか。

よくよく冷静に考えてみると、全国各地へ2、3年おきに転勤を強《し》いられるだなんて、まるで江戸時代の参勤交代制度のようではないか。家族を置き去りにした単身赴任ならば、それはもう、人質をとられた奴隷制度である。

その代わりに、終身雇用と昇給を保証してやるからといわれたところで、わりに合わない。思春期の子どもから「知らないおじさん」扱いされて家庭崩壊、定年を迎えた頃には熟年離婚寸前の夫婦の危機を迎えている、そんなケースも私は見てきた。

当たり前のように、辞令に従って生きるのは、そろそろ時代錯誤である。やりたくもない事務職でストレスを溜めたり、不向きな営業職に回されて「仕事ができない」というレッテルを貼られるなんて、やはりおかしい。

そう、あなたの〝心髄〟においては、社畜のような働き方に異議を唱えてほしい。

暑い日も寒い日も満員電車に揺られ出社するのが、あなたの常識なのだろうが、その異様な光景を見た近未来社員は、タイムマシンの中で笑っていることだろう。大型台風や大地震に遭っても会社へ向かおうとするのだから、いやはや、すさまじい〝忠義忠誠〟である。

合理性の観点から見れば、通勤タイムそのものが時間の無駄だ。仕事に本気で取り組もうと思ったら、場所なんてどこだってかまわないはず。パソコンに向かう仕事なら、静かなカフェで集中したほうが能率が上がる。

あなたは従来型の価値観にどっぷり漬かってしまった挙げ句、思考停止していないか。

「個を殺して組織の駒となれ」という働き方はもう古い。というか、そもそも人権蹂躙《じゅうりん》なのだ。**仕事に人生を捧げるのはいいが、会社に人生を捧げてはいけない。**

個々の希望通りの働き方ができる、そんな環境に身を置くことで、**能力が最大限に発揮できれば、その結果、会社だって発展していく。**

自分の働き方は、自分で決めたい。自由であることに責任は伴うが、やりがいもある。

少なくとも、**多様化を認め、その方向性を示す会社を選択するべき**だ。

転職しようとしている今のあなたには、それを〝選択する自由〟があるのだから。

鬼100則 02

その職業に社会的な「価値」を見つけ出せ

会社なんてどこに勤めても似たりよったりで、帯に短し襷《たすき》に長し、メリットもあればデメリットもある。

給料・ボーナスがよくても、休みの少ないブラック企業であったり、残業もなく天国のように楽な仕事を見つけたところで、慣れてしまえば退屈極まりなかったりする。

急成長しているベンチャー企業に心躍らせながら転職したとしても、不安定な自転車操業で、お先真っ暗ということもある。

やっとの思いで待遇のいい大企業に転職できたからといっても、配属先の人間関係はパワハラ・セクハラが渦巻く最悪の環境であるかもしれない。

いやはやなんとも、会社選びは一筋縄ではいかない。思い描くような都合のいい「ご縁」はなかなか得られないものだ。

そうはいっても、現職の会社方針にはとてもじゃないがついて行けないし、将来が見通せずに目標を失っている。そんなビジネスの大海原を漂流しているあなたにとって「隣の砂浜が美しく見えてしまう」その気持ちは痛いほど理解できる。

しかし、焦りから安易に職を転々としていくうち、ますます条件の悪い会社、悪い会社へと流されるはめになり、結局、「最初の会社が一番よかった」なんて〝人生を航海（後悔）する〟パターンは枚挙にいとまがない。

そもそも企業のどこを見て取捨選択しているのか。もちろん業種・職種、そして待遇面が大事であることはわかるが、その前に最優先しなければならない〝条件〟がある。

その第一条件とは「世の中の役に立つ」という〝社会的な価値〟が高い職業かどうか。心から湧き上がるソーシャル・モチベーションを、あなたが持てるかどうかである。

どれだけ雇用条件がよかろうと、どれだけオフィスが立派であろうと、どれだけ業績が好調な会社であろうと、目的が何事も〝自社ファースト〟であると感じたなら、即刻、転職先リストから外したほうが賢明だ。一生懸命に働けば働くほど、あなたの〝良心〟は疲弊していくだけだろう。長続きするわけもない。

転職とは一世一代の重大な決断であることはいうまでもない。「何のために働くのか」という社会的意義のある仕事を、まずは選択することである。

鬼100則 03

「人生の問題」を解決する転職であれ

「社会に貢献できる仕事がしたい」といえば聞こえはいい。

では、ここであなたに問いたい。報酬の少ないボランティア事業で、本当に家族を食わしていけるのか。

もしそうであるならば、もうこれ以上いうことはない。自己犠牲の精神のもと、世の中の役に立とうというその生き方には敬意を表する。

しかしその結果、貧しい生活に我慢を強いられる人生を歩むのであれば、それは〝不幸〟であろう。やはり、「貢献＝報酬」という、当たり前のWIN-WINが成り立っていない仕事選びはナンセンスだ。あまりにも切ない。

あなたにはビジネスパーソンとして幸せな人生を歩む権利があるのだから、正義の仮面を被った〝自己満足〟は、ほどほどにしたほうがいい。

その仕事を続けていて、本当に幸せな未来は待っているのか、心底考える必要がある。

報酬額が高い安いということだけをいっているわけではない。もしも、「転職」というアクションによって、**あなたが抱えている人生の諸問題が解決され、劇的に改善されるのであれば、大いに意味があるし、意義もある。**

ただ、その問題の本質を見誤ると大変なことになる。短絡的な「逃げ」の転職では、その問題は繰り返されるだけだろう。まるで闇金の取り立て屋のように、〝問題〟というやつは執拗に追いかけてくる。むしろ**逃げれば逃げるほど、悩みは深くなっていく。**

「少し給料が上がるから」「残業が減って楽できそう」「人間関係がよさそう」。

このように、多少の不満が軽減される程度の転職であるなら、現職に留まっておくほうがましである。

問題は、会社や組織にあるのではない。そう、問題なのは「あなた自身」なのだ。転職することによって、あなた自身が〝生き返る〟のなら、諸問題は解決へ向かうだろう。だが、**「駆け込み寺」への逃避行では、〝いい転職〟など、うたかたの夢である。**

あくまでも、根本的な人生の問題が解決するかどうか。あなたの潜在的ニーズを掘り起こし、不平不満を〝洗い出しておく〟必要がある。

くれぐれも「現状へ逃げ込むな」、そして「現状から逃げ出すな」といっておきたい。

鬼100則 04

採用担当者が「救世主」に見えなかったら止めておけ

将来性の高い有望な企業なのかどうか、働く社員を大切にしてくれる善良な企業なのかどうか、それらを見極めるのは難しい。本当に会社ってやつは入社してみないことにはわからない、謎だらけの伏魔殿だ。そこへ「えい、やー」と飛び込もうというのだから、いやはや、仕事選びとはギャンブルそのものである。

が、しかし、それを見極めるために、きっと何かいい着眼点があるはず、その秘訣をぜひ教えてほしい、というビジネスパーソンは数多くいるのではないだろうか。

であるならば、ここで私がその奥義を伝授しよう。

企業の本質を見抜くのは簡単だ。**採用の窓口となる担当者たちの「顔」を見れば、すべてがわかる。**

そいツラがつまらなそうな顔をしていたら、保守的で退屈極まりない職場に違いない。

そいツラが暗い顔で対応していたなら、ギスギスした人間関係のストレスフルな職場に違いない。そいツラが何か企んでいそうな怪しい顔をしていたなら、顧客や社員の幸せを度外視した腹黒い職場に違いない。

そうして**穴が空くほどによくよく〝熟視〟して、担当者の顔を観察したあとは、もう直観でかまわない。「この人は私の救世主になり得る人だろうか」、それをジャッジしてほしい。**自分自身が働く職場だ。自分自身の人生である。自分自身の主観で判断するべきである。

決して、他人のアドバイスに惑わされてはいけない。

だからできれば、事務的な窓口の人事担当者だけでなく、一緒に働く直属の上司と、入社前から何度も会って話のできる企業であれば間違いは少ないだろう。そうすれば、その「素顔」から企業文化が見えてくるものだ。

目の前の人物が、どーんと頼れる「兄貴分」であり、愛があふれる「親代わり」であり、あなたを厳正に諭してくれる「師匠」であるなら、選択するリスクは低い。

ゆったりと余裕のある笑顔を携えた紳士的な佇まいで、エネルギッシュに理念やビジョンを語る情熱がほとばしり、正直で誠実で適度なユーモアのある人なら、信じていいのではないのか。

人生を決めるのは、そう、あなたの人間観察力なのである。

鬼100則 05

未来の仲間の「実態」をスパイせよ

人事担当者の顔を観察しろといったが、たった一人の代表社員から描くイメージだけで、会社のすべてを判断するのは早計である。

たとえ、人事部長が会社の顔であるといっても、たまたま年功序列で出世してしまった、ヨイショが上手なだけの薄っぺら野郎かもしれないではないか。

優秀なあなたなら、すぐにそれを見抜けるだろうから、「こんな人事部長の会社はろくでもない。内定が出たとしても見送ろう」となるに違いない。

たしかに、そんな人物に人事部長を任せている会社もどうかしている。しかし、ときに矛盾を生み出すのが組織というものだ。いつも完璧ではいられない。世の中には、たまたまの「例外」というものがある。

だから、いずれ淘汰されることになるであろう「なんちゃって人事部長」の人物像だけで判断するのはやめてほしい。

前述したとおり、直属の上司と面談しておくことはもちろんのこと、その会社の社員と一人でも多く会っておくことだ。そして、彼ら**社員の顔色もよくよく観察してみてほしい。**

そこで、あなたが何を感じるかだ。

元気な挨拶ができるか、清潔感のある身だしなみかどうか、屈託のない笑顔はあるかなど、ベーシックな部分も含め、耳をそばだて、目を大きく見開いて、組織の実態を〝洞察〟しておきたい。

そんなシンプルなところからも、**社内風土や職場環境の良し悪しが浮き彫りになってくるものだ。まさに、人こそが、企業文化を創るのだから。**

仲間になりたいと思えるような「輝き」を放っているか。夢や目標に向かって「やりがい」に燃えているか。厳しさと直面した上で心から仕事を「楽しんで」いるか。

社員とじっくり面会することが叶わない会社なのであれば、訪問時に、トイレやエレベーターホール、または喫煙所などで張り込んでみるのもいいだろう。さらには受付あたりで見かける社員の人たちの日常の会話にも、あなたのアンテナを張ってみてほしい。**自然体の会話の中だからこそ、「真実」が垣間《かいま》見えるに違いない。**

入社を決めるべきか、それとも、退くべきなのか、**答えはそこに隠れている。**

鬼100則 06

「イエスマン」だらけの組織にはノーを出せ

外部からは隠れて見えにくい組織文化を、あなたが入社前にあれこれ見定めるのは、これまた至難の業だ。しかし、意識を高くして探っておかなければならない実態がある。ターゲットを絞って観察すれば、あなたにだって「組織の闇」を暴くことができるのだ。

それは、**応募先の組織に生息しているであろう「イエスマン」探し**である。

会社訪問や面接などの際に、社員同士でのさりげないやりとりから見えてくる〝慣習〟があるはず。ほんの些細なことでもいい。相手方が油断しているチャンスを見逃してはならない。表も裏もその様子をじっと観察し、一挙手一投足を精査してみると、上司と部下、先輩と後輩との間に根づいている「微妙な人間関係」が透けて見えるものだ。

最もわかりやすいのは、中間管理職や中堅の先輩社員である。まだ部外者であるあなたへの対応と、身内である社員への態度が、あまりにも違うようなら要注意だ。

まだ外部の〝お客さん〟扱いであるあなたへは優しく親切丁寧であるにもかかわらず、

内部の社員はアゴで邪険に扱うような横柄さがあれば、その姿に「未来のあなた」を投影してみるといいだろう。

一方で、たとえ上司・先輩は紳士然と振る舞っていたとしても、部下のほうが「はい、はい」と、絶対服従を誓っている雰囲気を感じたり、ゴマすり風のへつらった態度が見え隠れしたら、危険信号だ。しかもそれが、**一人や二人ではなく、誰も彼もがそうであったならブラック企業ぐるみの確信犯**である。

感覚が麻痺している社員たちは、盲目的な「イエスマン」であるために、部外者から自分がどう見られているのかなど、気にも留めていない。

一般的に、上下関係の礼儀礼節や互いの立場をわきまえた関わりは必要だ。現実には、どの組織にだって、多かれ少なかれイエスマンはいるだろう。

とはいえ、イエスマン〝だらけ〟の組織に根づいているのは、意見のいえない風通しの悪さや好き嫌い人事がはびこる組織文化である。

やはり、**社員同士が上下関係に惑わされず、役割分担に徹しているのか。いい意味で認め合い「対等」の立場をとっているのか。互いに尊重し合いながら、ごく自然体で接しているのか。**真の関係性をつまびらかにしておくことだ。

鬼100則 07

「教育体制が充実しています」にだまされるな

異業種へ転職するとき、最も不安になるのが、「初体験」の仕事になるということだ。新卒以来、すでに何年か経験を積んできた同業種であれば、それはもう勝手知ったる仕事である。同じ転職をするなら「経験を活かして」が順当なところだろう。

しかし、あなたがその業界の将来を見限っているとしたら……、あなたがその業界で「やりきった」と感じ、もうこれ以上自らの成長が望めないとしたら……、異業種へとチャレンジしたくなるはずだ。その気持ちはよくわかる。

だいたいが同じ業種の企業を渡り歩いたところで、仕事の中身は代わり映えしない。結局、転職してもあまり意味がなかったということにもなりかねない。

だからといって、新天地でまたゼロから勉強し直すとなれば、それなりの覚悟と勇気が必要だ。しかも、柔軟性や適応力も求められる。意気込みだけで何とかなるものではない。

やはりその際に気になるのが、転職先の「教育体制」であろう。企業側のスタンスとすれば、中途入社者は即戦力として扱うため、いちいち手とり足とりの教育などしてくれない。「もうわかってるでしょ」とか「先輩の見よう見まねで覚えてね」とか「仕事は盗んで身につけるもの」といった空気感だ。

会社案内のパンフレットやホームページに掲載されている「教育体制が充実しています」にだまされてはいけない。これは決して嘘ではないが、たいていは新卒向けに謳ったものであるからだ。

転職組には、もはや新卒社員のように優しい研修などしてくれないのが一般的だ。アドバイス一つ求めるのにも遠慮しがちになる。そんなストレスに耐えられず「転職なんてするんじゃなかった」と泣き言に明け暮れている人を見かけるのは、珍しいことではない。

とはいえ、彼らを、「甘い」と突き放してしまうのは、実に忍びない。

その苦難を乗り越えられない者は、職を転々とする負け組となるしか道はないのか。

いや、そんなことはない。**あなたの選択次第で道は開ける。そう、中途入社組に対しても、「時間とコストをかけた手厚い教育体制」を整えてくれる組織を選ぶこと**だ。

単に一部門の欠員を補充する採用ではなく、中途入社でありながらも同期入社をまとめて何人も採用するような会社であれば間違いない。異業種の再出発でもやっていける。

鬼100則 08

簡単に「内定を出さない」会社を信用しろ

手っ取り早く「内定」を出してくれる企業に決めてしまおう、というせっかちで短絡的な輩がいる。「一目惚れで自分を気に入ってくれるだなんて、両想いの運命的な出会いに違いない」というわけだ。

ポジティブな楽観思考も悪くはないのだが、ただ、ちょっと待ってほしい。はたしてその判断は正しいのだろうか。

本来、転職とは、後生一生《ごしょういっしょう》の選択である。いくら「直観」を大事にしろといわれたからって、〝そそっかしい直感〟では、あなたの人生がドツボに嵌《はま》りかねない。

まあたしかに、無駄に時間をかけて、いつまでもぐずぐずと迷っていても仕方がないのだが、内定スピードの順番で転職先を決めるのはどうかと思う。というか、そのいい加減さには呆れ返る。「これも何かのご縁ですから」などという〝占い〟のような鑑定で、人生を決めてしまうのはやめてほしい。

反対に、じっくりと判断する時間をもらいつつ、なかなか「内定」を出してくれない企業を選ばなければならない。だいたいが、1回か2回しか会っていないのに、すぐに「内定です。おめでとう」といわれて、有頂天になっているあなたはどうかしている。

やはり、選考にしっかりと時間と労力をかける企業がまともだ。履歴書・職務経歴書や源泉徴収票などの提出書類を求め、何度も何度も面接を重ね、適性検査は何種類も実施して、**「簡単には内定を出しません」というスタンスの企業を信用するべきである。**

一方で、**内定が早い企業には以下のような共通点がある。**

「人気がなくて応募が少ないため、誰でもいいから人を集めたい」「退職予備軍の吹き溜まりとなっている環境に、いち早く人を補充したい」「しょせん、社員なんて駒にすぎない、使い捨てでいい」というような傾向は否めない。

よって、**すぐに内定を出し「はい、来週から出社してください」というような組織は疑ってかかったほうが賢明だ。**たとえあなたが今、失業中であったとしても、である。

そもそも**採用基準が甘い組織に明るい未来が待っているはずがない**ではないか。

当たり前すぎる話だ。シンプルに考えればわかること。くれぐれもその場の勢いだけで職歴を汚さないことである。

鬼100則 09

選ばれているかどうかで「選べ」

「えっ、もう終わり？」という面接がある。

「追って合否はご連絡しますって、おいおいちょっと待ってほしい」という経験はないだろうか。だって、そうもいいたくなる。たった10分しか面接せずに、それだけであなたの何がわかったっていうのか。

こんな企業は意外と少なくないのだが、これは、しっかりと「面接で選ぼう」という意識の低い組織である。

やはり、一人につき最低でも1時間、できたら90分から2時間たっぷりと根掘り葉掘り質問しなければ、採用候補者の本質は見抜けないと考える組織がまともである。

さらに二次選考、三次選考と進める企業であれば間違いない。できる限り入念に、そして科学的にジャッジしてくれる企業を選ぶべきだろう。

そう、**選ばれているかどうかで選んでほしい。**長くて厳しい面接が終わった後に、「ああー、やっと終わったけど、いやー、これはきっと落とされたな」と思えるような面接をしてくれる企業が望ましい。**そんな組織だからこそ、「合格」という通知に価値があろうというものだ**。落とされたら落とされたで納得もできる。

もしあなたが面接の楽ちんな会社へすぐに入りたいと思っているとしたなら、転職を甘く見ているといわざるを得ない。何度でもいうが、**転職とは真剣勝負である。絶対に、本気で人を「選択していない企業」を選択してはならない。**

忘れもしない、私が転職活動をしていた20代中盤、ある企業の本社面接へ行ったときのこと。約束の時間に訪問したところ、担当の業務部長という人が出てきて「ごめん、うっかり忘れてた。今会議中なので、ビルの前の喫茶店で待ってて。コーヒー代はあとで払うから」といわれ、１時間以上待たされた。

私は驚いたと同時に腹も立ったが、せっかくここまで来たので、素直に従った。そして、満を持して臨んだ面接はたったの15分で終了。しかもほぼ世間話である。

今思えばあきれた会社だったが、しばらくしてその会社は買収され、社名は跡形もなく消え去った。

ちなみに、そのときの「コーヒー代」は、一銭ももらっていない。

鬼100則 10

「選考プロセス」の3ステップを踏め

選考プロセスに時間と労力をかける企業がいいと前述したが、当然、応募する側もその企業を〝選考〟する権利を持つ立場だ。こちらから多くの企業をふるいにかけたいところである。選択肢は狭《せば》めないほうがいい。

そうなると、ほぼ会社説明のない一発選考の企業はリスクが高い。オフィシャルサイトや求人広告だけを判断材料にしろというのも、よく考えたら乱暴だ。

イメージのよさだけでいざ有名企業へ入社したものの、180度違う実態に愕然としたなどという話は、私の周りだけでも数えきれないほど耳にする。

そうなると、**少なくとも3回以上は足を運び、人事担当者または配属先予定の直属の上司からたっぷりと会社説明を受けること、**それが許されるか、または、そうしたセッションが用意されている組織を選ぶべきなのではないだろうか。

人生をかけた重大な選択だ。あなたが家族を支えている大黒柱であるなら、なおのことである。簡単な企業イメージ説明会だけで、決して判断するべきではない。

仮に目安として、３回の訪問ステップのうち、まず**ファーストステップ**では、より具体的に「どのような仕事なのか」を知っておきたい。何のために働くのかが明確にならなければ、モチベーションは上がらない。業界の歴史的背景から現在に至るまでの経緯にはじまり、理念、ビジョン、ミッションを正しく示してもらったあなたが、**心の底から「この船に乗りたい」と思えるかどうか**、仕事の本質を見定めることである。

さらに**セカンドステップ**では、**「どのように実践するのか」を知らなければ、その転職は失敗する可能性が高い。**なぜなら、いくら理想的な憧れの仕事に出会ったとしても、あなたが「この業務、技術、商品、目標、活動なら、自分にも務まりそう」「この仕事をしてみたい」と、そう思える仕事でなければ、また退職することとなってしまうからだ。だからどうか、仕事内容の一つひとつを詳細に確認しておくことである。

最後に**サードステップ**であるが、この最終段階ではじめて、待遇面・条件面・キャリアパスなどの確認をすればいい。**仕事内容を理解しているからこそ、報酬制度とのバランスを判断することができる。**先走って「給与がいいから」に目がくらみ、会社説明を聞いたところで、冷静な判断をすることなどできやしないのである。

鬼100則 11

働く社員の「満足度データ」を調査せよ

働く社員の満足度調査、いわゆる「ES（Employee Satisfaction）サーベイ」を、あなたは気にしたことがあるだろうか。

「どうせそんな調査結果は、どの企業も五十歩百歩で、データなどしょせん当てにならない」と無視している人も多いのかもしれない。

だが、舐めてかかってはいけない。**転職するにあたって、あなたが最も重視しなければいけない点は、「CS」より、「ES」である。**

ちなみに、私が現在、所属している生命保険会社の直販部門のサーベイにおいては、「満足している」という社員が9割を超えている、という結果が出た。平均的な企業・組織の場合、8割という結果が出れば超トップクラスらしい。

さらに、驚くべきは**「大変満足している」というデータが5割を超えているという点**だ。これまた一般的には、2割を超えれば高い数字なのにもかかわらず、である。**生命保険の**

営業部門での結果としては、〝異常値〟といってもいいほどの「高水準」なのである。

このサーベイの結果と離職率は密接に関係している。通常、入社して数年で８割から９割は退職してしまう、という厳しさで有名なこの生保営業の世界において、逆に、新組織は４年目を迎えてもなお、その約９割、数百名の社員が活躍し続けているのだ。この組織に、立ち上げから関わってきた私としては、心から誇りに思える調査結果である。

あなたが転職しようという組織のＥＳサーベイ結果はどうだろうか。

もし、**サーベイを実施せずに、軽視している企業であるなら、その姿勢を疑ったほうがいいかもしれない。**なぜなら、満足度調査を実施することによって、業務内容、人間関係、待遇面、ロイヤルティなどの問題点を分析し、それらを経営や人事戦略に活用することができるからだ。さらには、モラルや倫理観の醸成、メンタルヘルスの対策も打てるし、各部門を横断する新たな取り組みや、イノベーションを進めることだってできるだろう。

もちろん、**満足度の向上は、そのままモチベーションアップにつながり、生産性やパフォーマンスが改善されれば、「顧客満足度（ＣＳ）」も向上していく**のは必然だ。

だから、社員満足度を向上させる意識が低い組織の定着率は、いつまで経っても上がらない。そんな企業にあなたが転職したところで、いずれ「辞めたくなる」だけである。

鬼100則 12

退職率よりも「退職者の質」を見ろ

転職先の退職率が高いのか低いのか。そこはやはり、職場環境などを考えたときに、大いに心配になる点である。

もちろん、大半の社員がすぐに辞めていくような〝病める企業〟には誰も勤めたくない。当たり前といえば当たり前の話なのだが、何も知らずに入社してしまって後の祭り、という人を、私は腐るほど知っている。

「ズバリ御社の退職率は何パーセントでしょうか?」などと、入社前に質問することは憚《はばか》られるのかもしれないが、何かしら退職者の動向については探《さぐ》りを入れておくことだ。

もし、うやむやでグレーな回答しか得られないようであれば「怪しい」と疑うべきだろう。辞めていく理由がはっきりしないのなら、入社は辞退しておいたほうが賢明である。

では逆に、退職率が低くほとんどの社員が辞めないという「居心地のいい」職場というのは、どう判断すればいいのだろうか。

たとえば、**生産性の低い社員の吹き溜まりであり、楽で退屈な企業体質であるから辞める社員が少ないのだとしたら、いったいそれでいいのか。**

頑張っても頑張らなくてもどうせ評価は同じだからとボーッと鼻くそをほじっている間に終礼時刻がやってくる、といった環境だとしたら、やる気満々なあなたは浮いた存在になってしまうかもしれない。

とすれば、**単に社員が辞めないから、いい企業であるとはいえなくなる。**

むしろ、怠け者で周囲に悪影響を及ぼすような社員は、一定割合で離れていく組織のほうが〝健全〟な場合もあるのではないだろうか。

要は、退職者の「質」である。

ろくに働かない社員ばかりが会社へ残り、それに嫌気がさした優秀な社員が流失していくようであれば、その企業の未来は真っ暗闇だ。

一方で、公平に評価された優秀な社員が中心となり、彼らが幹部となって組織の未来を創っていくのであれば、将来性は大いに希望が持てる。

入口の採用基準の厳しさはもとより、**退職状況を数と質、その両面でチェックしておくことも欠かせない**のである。

鬼100則 13

「なぜ人を採用しているのか」その真意を探れ

その企業がなぜ人を採用しようとしているのか、その理由を知ることが、イコール企業の本質を知ることにつながる。培われてきたカルチャーを知ることにもなるだろう。

前述したとおり、ホームページには、体裁のいいことしか書かれていないし、企業からお金をもらっている人材紹介会社のコンサルタントは、グルだと思ったほうがいい。いうまでもなく、転職サイトの求人ページは、熟練のプロと企業の採用担当者とがタッグを組み、あの手この手を使ってつくり上げた、ある種の「広告」である。

うぶなあなたが、それらをすべて鵜呑みにして、人生の決断を下すのは早計だ。**一方的な情報からは、カルチャーなんて探りようもない**のである。

そんなことをいうと、元も子もないと思われるかもしれないが、実は、あなた次第で、企業の本質を知る方法はいくらでもある。

まず、**経営理念と採用の実態がリンクしているか**チェックしたい。たとえば、人を大切にしていると謳いながら、大量脱落をよしとしている企業など論外だ。

次に、**採用基準が厳格に設定されているかどうか、**これも確認しておかなければならない。たとえば、時期によって基準が異なる、面接担当者によって基準が変わる、データに基づき統一ルールを定めるなどの制度化がされていない、などだ。

質問に次ぐ質問で、企業体質の化けの皮を剥がしておくこと。もし、求められる人物像がはっきりしないのであれば、〝企業像〟もおぼろげなまま、見えてこない。

そのとき、どこを見ても、誰に聞いても、いつ確認しても、正確に同じ答えが返ってくるかどうか。これが〝カルチャー〟である。それはもう、**金太郎飴のように「どこを切っても」同じ説明が繰り返されるのであれば、間違いはない**だろう。

そもそも「なぜ人を採用しているのですか」「どんな人を採用しているのですか」という質問に対して、企業側が答えに窮し、明確に即答してくれないようであれば、場当たり的な人員補強をしているだけの「寄せ集め集団」だと思っていい。

あなたがそれでもいいと我を通すのであれば、それでかまわない。私は何も困らない。闇を探らずに入社したあと、結局、困るのはあなたである。

とことん踏み込んで、真意を追及してほしいものだ。

鬼100則 14

見栄を張るな「心が躍っているか」で判断しろ

仕事選びで失敗する例で最も多いのが、「みんながいい会社だといっているから」「いい会社へ就職したと、人から思われたいから」「友人・知人・親戚に見栄を張りたいから」というものだ。

そのブランド志向はわからないでもないし、〝世間の評価〟を全否定するつもりもない。ただ、「他人からの目」を大前提にしているというのは、あまりにも主体性がなさすぎやしないだろうか。いったい本当の「自分」はどこへ行ってしまったのか。

人からどう見られるかを基準に生きている人は、辛い人生を歩むことになる。だってそれは「偽物の人生」だから。

たとえば私生活においても、次のような経験はないだろうか。

見た目は世間ウケする性格ブスの美女とつき合って振り回されたり、モデルのような容姿のダメンズに貢がされた……。人もうらやむ高級外車や腕時計、きらびやかなブランド物に身を包みながらも、財布の内情は火の車で借金まみれになった……。運動神経が鈍いくせに、カッコつけてサーフィンやスノーボードに興じ、溺れかけたり骨折した……など、そんな辛い体験はないだろうか。

あなたの勤務先も、そんな見栄っ張りから就職した会社ならば、さまざまな我慢を強いられるはめに陥っているかもしれない。

であるなら、**次の転職先についてはもう、「本当のあなた」が好きな仕事、「本当のあなた」に合った仕事、「本当のあなた」が心からワクワクできる仕事を探すべき**である。

日々心が躍り胸が高鳴るようなやりがいのある仕事と出会えないのは「あなたが偽者」であるからだ。「偽者の自分」の陰に隠れている「本物のあなた」は、仕事選びの本質が観えていないために、判断を誤り、失敗を繰り返すはめになるのである。

だから金輪際、「みんなからよく思われたい」という主体性のない判断はやめること。

そして、本心と向き合うことである。**すでに正解を知っている「本物のあなた」に答えを聞いてみようではないか。**

自然体で正直に、肩の力を抜き、あるがままの自分らしく決断してほしい。そうすれば、自分本来のキャリアビジョンが開けてくるはずである。

鬼100則 15

「トップの言霊」を信じられるまで熟慮しろ

若手ビジネスパーソンが背負うこれからの日本という国は、さらなる受難の新時代を迎えることになるだろう。そして、企業も先の不透明なこの新時代の中で、厳しい競争にさらされていくことになるだろう。

その現実に対し、**経営者が腹をくくっていない組織であるなら前途多難だ。転職先の候補から真っ先に除外しておかなければならない。**

では、経営者のどこを見て、その企業の将来性をジャッジすればいいのだろうか。

それは簡単だ。**経営トップが「言霊」を熱く語っているかどうか、その一点に着目すること**である。

ここであなたに問いたい。そもそも経営者の果たす役割とは何だろうか。

あなたはきっと、次のような回答を出すに違いない。

「まずは真っ先に企業理念を定め、全社員へ〝あるべき姿〟を浸透させること」

「いや理念だけではダメだ、〝目指すべき姿〟すなわちビジョンを描いてみせること」

「それもそうだが、市場の変化を予測し、明確な経営計画・経営戦略を策定すること」

さすが、あなたの知見は的を射ている。想いがなければ、社員は何のために働くのか、心のよりどころを失う。未来像を描けなければ、社員は迷走し混乱する。道筋がなければ、目標や方策が定まらず、社員は一歩も動くことができない。

しかし、そのように、経営トップはさまざまな場所で、理念、ビジョン、戦略を語っているはずなのだが、どれも「机上の空論」「絵に描いた餅」「捕らぬ狸の皮算用」に見えてしまうのは私だけだろうか。ちなみに、それらを英語で表現するなら「パイ・イン・ザ・スカイ」、そう、「空に浮かぶパイ」である。

いくら立派な言葉を並べ立て、理念やビジョンを公にしたところで、それが社員や世間のビジネスパーソンの〝腹に落ちないパイ〟であるならば意味がない。

あなたが判断基準にすべきなのは、経営トップが語る「言霊」が、あなたの腹の底にドスンと落ちたのか、胸の奥にドキューンと響いたのか、頭蓋骨をガツーンと殴られた衝撃を受けたのか。

その「言霊」を信じられるまで、熟慮に熟慮を重ねなければならないのである。

鬼100則 16

「拡大路線」に乗っかれ

一般的に、就活の段階では、大企業を目指す人が多いに違いない。それはそれで一つの考え方として間違いではない。

大企業というのは、取引先も含め関係各部署にレベルの高い優秀な社員が集まる、人材の宝庫である。そのため、競争も厳しいが、自己成長を求めるなら、大企業に限る。

給与や退職金などの条件面は段違いにいいし、福利厚生などの待遇面も申し分ない。何より安定感が抜群で、我慢して定年までしがみついて働きたいと思う人にとっては、ほぼ一生安泰だ。

しかし、**大企業は「夢の楽園」ではない。むしろ「理不尽のデパート」という側面もある。**

いずれ大企業病にかかってしまえば、閉塞感いっぱいの中で目標を失い、モチベーションが保てなくなる、というお決まりのパターンも多いと聞く。

安定期に入った守り一辺倒の企業は、よくて現状維持だ。よって、もはやくたびれている。そんな傾向は否めないだろう。

もし、そんなふうに**病んだビジネスパーソンであるなら、思いきって伸び盛りの会社へ転職し「拡大路線に乗っかれ」とアドバイスしたい。**

たとえば、新事業立ち上げの組織などは活気と勢いがあっていい。組織全体のモチベーションも高いのが特徴だ。崇高な理想を掲げ、社員全体が一つにまとまって、「業界を変革するぞー！」と、気勢を上げている。

そのように勢いのある組織に〝心が躍る〟あなたであるなら、拡大路線に乗っかって、ポジションを次々と獲得してほしい。

そして、**10年後、20年後の昇進を待つのではなく、２年後、３年後のスピードで出世街道をひた走ってほしい。**

どうせ同じ苦労をするならば、チャンスが転がっている組織で、その実力を発揮しなければもったいないではないか。

とはいえ、ただ**出世欲が満たされるというよりも、得られるものは、千万無量の「生きがい」だ。**コツコツと進むのも人生なら、貪欲に先を急ぐのも人生である。

どちらにせよ、答えは死ぬときに出る。

鬼100則 17

「ファン」になれなければ辞退しろ

応募する企業に本気で入社したいと思うなら、自分がその会社の「ファン」になっているのかどうか、自問してみてほしい。

その企業理念やカルチャーに惚れこんでいるのか、その企業の商品やブランドが好きで好きでたまらなくて、いつも愛用しているのか、その企業で働く人たちのことを心から尊敬し、憧れの存在であるのか。

もし「そこまでの思いはない」というのなら、応募を辞退して現職に留まったほうが無難だ。または、熱狂的なファンになれそうな、別の企業を探し出すことである。

中途半端な思いでは、どうせ面接には合格できないし、仮に合格したとしても、その程度の思い入れでは、長続きしそうにない。

ロジックを固めただけのクールな決意で自分を売り込んだとしても、賢明な面接官は、すべてお見通しだ。少なくとも違和感を抱くはず。**あなた自身が違和感を抱いているのだ**

から当然である。どこかに嘘偽りを感じた面接官は、「情熱なし、説得力なし、ロイヤルティなし、だから採用しない」という判断を下すだろう。

自分が素晴らしいと思っていない企業、自分が好きになれない企業、自分が憧れていない企業、そんな企業に入社したところで、愛着も湧かなければ、忠誠も尽くせまい。

もとより、すべてにおいて優れた企業というものは存在しない。しかし、**無名のブランドでも確かな企業というものがある。値段が安くても優れた商品というものがある。他の人には人気がなくてもその人に合った「働き場所」というものがある。**

次の転職先でこそ、一生涯にわたって勤め上げたい、全力で一心不乱に仕事がしたい、生き生きと楽しく働きたいと、本気でそう思うのであれば、面接官に自分を認めてもらおうとするその前に、**「転職先企業のファン」になれるまで魅力を探求すること**である。

たとえどんな企業にも、もの足りないマイナス要素はある。でも何か一つくらいは〝光るもの〟があるはず。あなたが心底好きになれるまで研究を重ね、その企業の〝推し〟を見出すことだ。

そして、**あなたがチャレンジするのは「最高の仕事」であると、自分自身を完全に説得し、洗脳しておくこと**が、この転職を成功させる第一歩となるのである。

鬼100則 18

「転職エージェント」に頼るな

人材紹介ビジネスに携わる方々には怒られるかもしれないが、**転職する際に、「エージェント」に頼りすぎるのは、ほどほどにしたほうがいい。**

エージェントを利用するなとはいわないが、盲目的に信じきってはいけない。あえて疑ってかかりながら、最低限の参考程度に利用するべきである。

なぜなら、**彼らも商売として人材を紹介し手数料を得る**わけだから、当然、手数料の高い企業を紹介したほうが儲かる。たいていは、年収の20パーセント、25パーセントが手数料といったところか。30パーセントという契約もあるだろう。

ライバル会社へ〝お客さん〟を奪われてしまうその前に、手っ取り早く内定を出してくれた企業のほうへ「早くいけ、早くいけ」と決めたがる。

どんな転職先でもいいから早く決めてしまいたい、というレベルの転職希望者にとっては好都合なのかもしれないが、「次の転職を最後にしたい」という真剣勝負のあなたにとって、エージェントの担当者をパートナーとして信じきるのは危険極まりない。

ところが、渦中にいるあなたはなかなかそれに気づかない。**親切なアドバイザーであると信頼しきってしまったり、「人材のプロがマッチングしてくれた企業なのだから、自分に合った仕事に違いない」と思い込んでしまう。**特に、**自分自身にどれだけのマーケットバリューがあるかわからない人は、「近視眼的」になりがち**だから注意してほしい。

ただし、エージェントの中にも例外はある。ガツガツと薦めずに、あなたが納得のいくまで何社でも探し出してくれる「善意の担当者」もいるだろう。

もちろん基本的に、エージェントは年収の高いほうの企業を薦めたがる。それは商売だから当然だ。あなたもできるだけ年収の高い企業へ転職したいはずだから、一見、双方の思惑は一致しているように感じるかもしれない。だが必ずしも、そうとはいいきれない。

本当にあなたのニーズにマッチしていて、適性の高い仕事なのか、それは疑問である。

事細かくトータルの生涯賃金を計算したらどうなのか。初年度は高年収でも、次年度以降は下がる場合もあるし、ボーナスの基準や退職金の有無などをよくよく確認して決めないと、**結局、割を食うのはエージェントではなく、あなた自身**である。

後悔することのなきよう、**自分の道は、自分で切り開くこと**である。

鬼100則 19

スカウトされたら「業種は問わず」話は聞いておけ

あなたが現職で大活躍しているビジネスパーソンであるなら、**ある日突然、1本の電話、1通のメールが届くことがある**だろう。それは、あなたをスカウトしたいという**ヘッドハンターからの誘い**である。

現職に対し人並みに不平不満はあるものの、今すぐに転職しようと考えているわけではないし、ましてや、誘いのあった企業やその業界に対しても、まったく興味がなかったとしたら、電話をガチャ切りするか、メールを削除してしまうに違いない。

でも、ちょっと待ってほしい。本当にそれで終わらせていいのだろうか。

たしかに、突然のことに驚き、多少なりとも警戒はする、多忙なあなたにとって、そんな相手に関わっている暇もない、というのが正直な気持ちなのかもしれない。

タイムイズマネーはわかるが、**冷静に考えてみれば、そのヘッドハンターと会ったとしても、人生の中のほんの30分の時間である。**そこに大きなチャンスが転がっている可能性がゼロではないのであれば、スルーしてしまうのは、もったいないのではないだろうか。悪いことはいわない。**今すぐに転職は考えていない〝平静なこの時期〟だからこそ、できるだけ外部からの情報を仕入れておくこと**だ。あなたは何でも世の中のことを知っているつもりになっているが、しょせん、現職にまつわることや取引先に関すること、新聞やネット上から入手できる世間のニュースなどが大半ではないのか。

目の前の仕事に必死に取り組んでいる仕事人間ほど、視野が狭くなっていたりするものだ。**気がついたら「井底之蛙《せいていのあ》」になっていた**、という例も少なくない。

他業界他職種のヘッドハンターから、最新情報を手に入れると同時に、**あなた自身の〝マーケットバリュー〟がいくらくらいなのか**、確認しておくのも悪くないだろう。あなた自身のレートは日々変動していると思ったほうがいい。気がついたら、すっかり時代から取り残され、「旬な売り時」を逃してしまった、なんてことにもなりかねないからだ。

これからもずっと今のままの組織で、順風満帆に働けるかどうかなんて誰にもわからない。あなたの会社は絶対に倒産しないし、買収もされない、右肩上がりの出世街道が約束されているのであれば、呑気でいるのもよいのだが……。

人生ふと立ち止まり、見直しの再点検をするとき、それは「今」なのかもしれない。

鬼100則 20

「副業OK」の転職先を探せ

私が世に送り出してきた書籍は、本書で14作目（海外翻訳版や電子書籍も含めると20作以上）になるが、実は**私の執筆活動は**「**副業**」である。ここ十数年来、執筆活動はライフワークではあるものの、あくまでも副業の一つなのである。

本業は、生命保険会社の本社に「一社員」として勤務している。

今まで転職をしてきた4社すべての保険会社において、執筆や講演活動などの副業が認められてきた。しかしかつては、私のように堂々と副業に精を出しながら、大企業に勤めている正社員は皆無に近かった。時代を先取りしていたといえば聞こえはいいが、**内部からの非難ややっかみと戦いながら、夢を追いかけてきただけ**のことである。

昨今は、国を挙げて働き方改革が推奨され、社外活動に精を出しても肩身の狭い思いをしなくて済む時代になった。本当にいい世の中に変わったものである。

ちなみに、私が現職の生命保険会社に転職してきたのは6年前。新規直販チャネルをゼ口から立ち上げるためだ。現在は数百名規模の組織に成長し、大きな川となって流れはじめたが、初めの一滴（一人目）は私であった。

この大事業を任されるまでになったのは、いくつかの転職経験があったからこそである。

私はその営業組織の応援団長（エグゼクティブトレーナー）＆軍師（営業管理職を指導する部長職）として、充実した日々を過ごしている。そして確実に**「副業の経験」が本業に活かされている。当然、「本業の経験」が副業にも活かされている。**

今は本業7に対して副業3の比率であるが、徐々にその割合が縮まっていき、いずれは逆転するだろう。おそらく**定年後は、副業が本業になっている**はずだ。

時代が変わったとはいえ、私のような立場で働いている社員は珍しい。組織から独立して執筆や講演に励んでいる人たちは大勢いるが、大企業で一社員として働きながら、独自の副業にも従事できるビジネスパーソンは稀である。少なくとも生保業界において、私はそのような人に出会ったことがない。日本で唯一というのは、誇らしい気持ちだ。

さて、あなた自身の「働き方改革」ははじまっているだろうか。**あなたしかできない、あなただけの、あなたのための「働き方改革」**がある気がしてならない。

今の時代、**「副業」のできる転職先を探す、**というのも一案なのではないだろうか。

第2章

Decisions
～鬼決意～

自分のことを　この世の誰とも比べてはいけない
それは自分自身を侮辱する行為だ。

ビル・ゲイツ

限界などない　停滞期があるだけだ
そこに留まってはいけない　それを超えて行くのだ。

ブルース・リー

鬼100則 21

意味のない「時間稼ぎ」はやめろ

私自身は、計6回の転職をしてきた。

と聞くと、私は転職するたびに、さらにその次の転職を踏まえた仕事選びをしてきた、と感じる人も多いのかもしれないが、決してそうではない。

それらの会社の中には長く19年勤めた外資系生命保険会社もあり、いずれの会社においても、入社した段階からしばらくは次の転職のことなど頭をよぎる暇もなく、ひたすら目の前の仕事に没頭してきた。まさか自分がその会社を辞めることになろうとは、入社したその時点では思いも寄らなかったことである。

結果的に、それぞれの会社での経験が、私自身を大きくステップアップさせてくれたのは事実だが、「転職を前提とした転職」をしたことは一度もなかった。

どの段階でその次の転職を検討してきたのかといえば、それは、**瞬間的な「ひらめき」だ。**

何か〝天命〟でも降りてきたかのように、転職マインドが湧き上がってくるタイミングが

あった。

そうひらめいてからはもうマッハスピード、徹底的かつ戦略的に動き回り、**数週間から数か月で環境を変えてきた。**

逆に、採用する側から見て不思議に思うことは、「転職したい」という相談に来る人に限って、なかなか次のステップへ踏み切れない優柔不断な人が多いことだ。

「あと1年頑張ってから」とか、「あと3年経験を積んで」とか、私から見ると**〝時間稼ぎ〟にすぎないのではないか、と思えるほどの〝遅疑逡巡〟**である。

その期限には、確固たる根拠があるのか、いったい本当に転職したいのか、という疑いが晴れない。なぜなら、ただ単に、決断を先延ばしにしているとしか思えないからだ。

「転職を思い立ったが吉日」である。〝天命〟が降りてきたら即行動だ。

すでに〝機は熟して〟いる。転職しろとあなたの「本能」が叫んでいるのだから、その警告を無視してはいけない。

まさに今が「そのとき」なのだ。このチャンスに一歩踏み出せなかったら、いったいいつ踏み出すのか。

このままでは一生涯、〝無期懲役〟である。

鬼100則 22

「家族をダシ」に使ってコンフォートゾーンへ逃げ込むな

なぜ、転職するのか。その問いに対し、「家族に豊かな暮らしをさせてあげたいから」という動機を挙げる人は少なくない。家族愛があふれて止まらない、実に立派な人だ。

愛するパートナーや子どもたちのために、あえて居心地のいい楽園＝コンフォートゾーンを脱出し、茨の道を歩もうというのだから、そのきっぷのよさには、心から敬服する。勇気ある第一歩を踏み出す彼らに、大きなエールを贈りたいと思う。

しかしときに、**〝いざ転職〟という段になって腰が引けてしまう、チキンハートな輩がいる。**ともあれ、それは無理もない。やはり環境を変えるのは恐いものだ。太古の昔から、生物は環境の変化に適応できず、絶滅の歴史を繰り返して来たＤＮＡを受け継いでいるのだろう。だから、変化を恐れるのは本能の教示なのかもしれない。

百歩譲って、それは認めよう。チキンと揶揄《やゆ》したことは、頭を下げて謝罪してもいい。だが一つだけ、私にはどうしても許せない「言い訳」がある。

「家族のために、身を引く」「家族のために、我慢して現職に留まる」「家族のために、やりたい仕事をあきらめる」という、**いかにも〝美談〟に仕立て上げられた自己欺瞞**だ。

たしかに、転職のせいで愛する家族が不幸になるなんて、あまりにも本末転倒な悲劇だ。「家族のために冒険を回避し、安全策で生きていく」という選択肢もあるにはある。

とはいえ、どうも解《げ》せない。**本当に「家族のためなのか」という疑念が消えない**のである。もしや本音は、ただ自分が「ビビっているだけ」なのではないのか。臆病者が、その言い訳として、家族をダシに使っているのではないのか。

だとすれば、卑怯すぎる。**家庭をスケープゴートにして、安全地帯へ逃げ出すなど、言語道断**。そういう人に限って、いつの日か、転職しなかった〝悔恨の念〟に駆られたとき、きっとこういうのだ。「俺の人生、家族のせいで犠牲になった」と。いやはやなんとも、もはやビジネスパーソンである前に、人間失格である。

仮に今、本当に家族が不安を感じているとしたら、それは、**当の本人が不安を感じているからに他ならない**。情けないことに、腰抜けの「ビビリ」が伝染しているだけなのだ。

さあ、未来は今だ。〝恐怖〟と正対しなければならない。背水の陣を敷き、腹をくくるのだ。

「転職への第一歩」を踏み出す勇気こそが、〝家族愛の実践〟であると心得よ。

鬼100則 23

ブレない「大人の軸」を持て

本当の「顧客本位」とは何か、あなたは理解しているだろうか。

私がここでいう**顧客の意味とは、「転職先企業」「上司」「同僚」「部下」「家族」「恋人」「友人」などの総称**だ。それらに置き換え、考えてみてほしい。

「顧客本位」とは、相手の主義主張を尊重し、相手の心に大事にしまってあるものに寄り添い、相手の自由を約束すること。究極の〝愛〟であるといっていいだろう。

ただそれは決して、相手に服従するという意味ではない。相手のために自らの信念を持って異議を唱えることは、「顧客本位」に反することではなく、むしろ必要不可欠なことだからである。

自分の考えを持って主張していけば、必ずどこかで相手の主張と食い違う。しかし〝自分軸〟がなく「顧客本位」がテクニックでしかない人は、反発や拒絶に遭うと心がぐらぐらと揺らいでしまう。まさに〝軸がブレる〟ということ。

一方、**軸のしっかりした大人に成長している人は、主張の食い違いを受け入れることができる。自分の信念や哲学、強い使命感を持っているから、揺るがない**のだ。

大人と子どもにたとえてみるとわかりやすい。大人は「はいはい、そうだよね」と子どもに対して余裕を持って合わせられる。それでいて自分自身は子どもに屈服することなく、わがままに振り回されても信念は揺るがない。そして、子どもにとっていったい何が最善なのか、何が危険なのかを考えてあげることもできる。

これが〝軸〟のブレない「利他主義」＝「顧客本位」というものだ。

逆に、子どものほうからは、大人の目線に合わせて配慮し、理解してくれることなどできるわけがない。子どもは自分のことを考えるだけで精一杯。わがまま放題に駄々をこねる。それでいながら、子どもは子ども、大人から大きな影響を受けて、ブレまくる。

これが〝軸〟のブレた「利己主義」＝「自分本位」だ。

どうか転職を機に、〝軸〟のブレない主義主張を持って、我が道を突き進んでほしい。

ときに、周囲から転職の猛反対に遭い、進路がブレまくっている利己主義者が、迷走していることがある。そんなふうに、**大人の振りをした子どもが最も始末に負えない。**

いかなるときも〝ブレない軸〟を持った「顧客本位」を実践してほしいものだ。

鬼100則 24

本来の「キャラ」を変えるな

憧れだけでは仕事は務まらない。

もし今のあなたが、憧れだけでその仕事を選び、苦しんでいるのならば、もう辞めたほうがいい。一刻も早くだ。

自分本来のキャラに合っていないその仕事を続けたところで未来は「地獄」だろう。たしかに理想の追求こそが、自己成長を促進させることは否定しないが、無理やりキャラを変えてまで、その仕事に執着したところで、結局は〝辛い下積み〟が続くだけだ。だってそうだろう。そもそも**生まれ持ったパーソナリティや、20年以上かけて創られたあなたのキャラクターは、そう簡単に変えられるものではない。**

だから、ありのままのあなたを活かす仕事へ転職するべきだ。**〝別のあの人〟になろうと頑張ってはいけない。**そんなに無理をしてどうする。

耐え忍んだ努力は尊いが、遠回りするだけ時間がもったいないし、無駄な努力というものもある。せいぜい自信を喪失して落ち込むのがオチだ。

すると、あなたはこういうかもしれない。

「好きなことが見つからない」

「やりたいことがわからない」

「向いていることなんてない」

もしも、そんな袋小路で**うじうじ転職を迷っているとしたら、それは普通の人である。**自分を責める必要もない。悩んでいることに悩んでいるなんて、これほどバカバカしいことはないだろう。

これからはもう、「無」の境地になって転職のステージに立つこと。そして最終的にはどんどん**〝直観〟で選択することである。**私もこれまでゴチャゴチャとロジックを伝えてきたが、心を澄ませば結局、〝直観〟が最も正しい。

もし、憧れや屁理屈でなく、**〝無念無想〟で仕事を選んだのであれば、それはそれで何か特別な理由がある**に違いない。「なんとなく」にも大きな意味があるはずだ。

この世の中、根拠のない自信が一番強い。逆に、理屈をこねくり回し、夢幻《ゆめまぼろし》にすがりつこうとすればするほど、出口が見えなくなるのである。

鬼100則 25

仲間からの「共に転職しよう」にたぶらかされるな

私が19年間勤め上げた外資系生命保険会社を退職しようと決意した途端、ありがたいことに、非公式なものも含めると20社ほどの保険会社から、「うちに来ませんか」というさまざまなオファーが舞い込んだ。広いようで狭い業界である。風の噂が広まるのは早い。

そのとき私は、独立を検討していたため、同業他社へ転職するつもりはなかったのだが、せっかくの機会である。話だけでも聞いておこうと、7社と交渉のテーブルに着いた。

忘れもしないオファー1社目の保険会社は、新規部門を立ち上げるという話だった。するると同時期に、**たまたま同会社の別ルートから声がかかっていた同僚のK君**から、私に電話が入った。「噂によると早川さんにもM社から声がかかっているらしいですね」と確認があり、さらには**「一緒に転職しましょう」**と、彼はその会社へ転職する気満々だった。

内心、私自身は乗り気ではなかったのだが、これから私の進路もどう転ぶかわからない。〝一つの選択肢〟としての可能性も踏まえ、K君と二人で何度か会って話し合い、**「もしそ**

のときには、二人力を合わせて頑張ろう」と、固く握手を交わして〝共闘〟を誓い合った。

ところが、である。しばらくしてK君との連絡が途絶えた。どうやら二人のポジションのオファーが被っていたらしく、それを先に知ったK君は自分一人を熱心に売り込み、「抜け駆け」していたようなのだ。そう、K君は私を裏切ったのだ。

結局、私のほうから身を引き、彼に〝席〟を譲ってあげたのだが、ただやはり陰の謀略というのは気持ちのいいものではないし、正直、K君の「姑息さ」にはガッカリした。

どうかあなたも気をつけてほしい。**転職するときは、絶対に「単独行動」に限る。**

私の周囲を見渡しても、共同経営で独立し、初めは順調と思いきや、経営方針や金銭問題などで仲たがいし、**袂《たもと》を分かつことになった、というような話は尽きない。**

人間は弱い生きものだ。いざとなれば、自分が可愛くなる。それが普通である。だから、裏切られ傷ついたとしても、相手を恨んではいけない。それはもう、そんな「不実な男」に頼ってしまった浅はかな自分への「ツケ」である。

ちなみに、K君が転職した新組織は、あえなく2年ほどで「頓挫」した。後に私が、彼の倍以上の年収で他社にヘッドハンティングされたことを知ったK君は、夜も眠れないほど悔しがったという。因果応報の世の中だ、うまくできている。

「社外の人」と旨い酒を飲め

社内には必ず飲み会好きがいる。もしかすると、あなたもその一人なのかもしれない。同僚との飲《ノ》ミュニケーションも大事な仕事の一環だ。たまにはそんな息抜きも悪くないのだが、**惰性で気軽につき合っているうちに、生活習慣はパターン化していく。**

話の中身といえば、その8割は仕事上の「愚痴」であり、残りの2割は社内の「噂話」である。仮に誰かが建設的な提案をしたとしても、その話題が盛り上がって長続きすることなど、まずないといっていい。むしろ、しらけきった雰囲気に陥るのがせいぜいだ。

そんなゴシップニュースや下ネタで大笑いしてひとしきり盛り上がった後に、深刻な上司の悪口へと移っていく。周囲からは、同感、同調、同情の嵐だ。**これぞ「仲間の絆」という名の下に慰め合う〝鉄屑の掟〟である。**

そうして、ほどよくできあがってきたクライマックスには、「こんな会社辞めてやる」的な威勢のいい転職宣言まで飛び出す。そうすると、「オレも、オレも」と次々と手が挙がる。まるでお笑いグループの古典的なギャグのようだ。そうしてエイエイオーの掛け声よろしく、〝同志〟は永遠の結束を誓い合うのである。

それほどの盛大な決起大会であっても、翌朝のオフィスを見渡せば、全員がパソコンに向かい黙々と働いている。誰一人として辞表を出す者はいないし、反旗を翻す様子もなく、不穏な空気さえも漂っていない。いったい、あの勢いはどこへ行ってしまったのか。

日々、こんな〝茶番劇〟を繰り返しているのが組織というものなのだ。飲ミュニケーションの中身はだいたい毎回同じである。**悪口・陰口を肴《さかな》に〝まずい酒〟を飲んでいる。これでは生産性など向上するはずもない。**

しかしまあ、どのみちサラリーマンの世界など、そんなものだとあきらめて、一生その組織に居座り続けるのか、それとも、本気で転職を考えるのか。あなたならどうするだろう。

慌てて結論を急がずともよい。まず明日からは、**社内の人とばかり交流するのではなく、社外の人から情報が集まるよう、積極的に交流を深めたらどうだろうか。**

そこから別の世界が見えてくるはずだ。「愚痴る飲み会」への参加率も減るに違いない。

と同時に、**「他の会社には〝前向きな旨い酒〟を飲む人たちもいるのだな」ということに気づける。**転職先に決めるなら、そんな人たちが活躍する〝舞台〟にしたいものである。

鬼100則 27

「転職に役立つかどうか」で人脈の優先順位をつけておけ

あなたの管理責任者は〝あなた自身〟である。今さらいうまでもない。

では、あなたの上司である〝あなた自身〟は、はたしてあなたの転職について何が大切なのか、考えてマネジメントしているだろうか。もしかするとあなたの上司（あなた自身）は、あなたの将来に対し、さして興味を持っていないのではないか。

そんなあなたは目先のことばかりに囚われ、豊かな未来を創るために何が重要なのか「優先順位」をつけられないまま、日々の行動をマネジメントできていないはずだ。

たとえば、「誰」と会っているか、その人物のクオリティにまで落とし込んで管理しているかと問われたら、どうだろうか。

あくまで感覚的に会いやすい人に会う、習慣や義務感で会う、誘われたから会う、というあいまいな判断基準で時間を浪費していないだろうか。

「転職適齢期」は長いようで短い。つまり、時間には限りがある。

だとすれば、どうでもいい相手との無駄な時間は、命を削って生きているのと等しい。アポイントの相手には「転職の役に立つかどうか」で優先順位をつけ、選別しなければもったいない。**大切な時間を「誰と何のために使うのか」という判断次第で、あなたの転職が成功する確率は大きく変動する**のだから。

ビジネスとは無縁の気楽なつき合い方は、ある意味、楽である。

しかし、そのような人間関係を続けても、停滞期を脱することはできない。それなのになぜ、あなたの人生にとって生産性が上がらない人、あなたが触発されそうもない人と共に時間を浪費しているのだろうか。

私は決して、気の置けない仲間と「友情を育《はぐく》む時間」を否定しているわけではない。ただ、**あなたはもういい大人である。仲良しこよしで楽しく遊ぶときよりも、斬った張ったの厳しいビジネスの世界で、緊張感のあるときを過ごす人間になってほしい**だけだ。

人脈とは自分自身を映し出す鏡である。自分の人格があなたの人間関係にそのまま投影されるといっていい。

リラックスできる相手とばかりときを過ごしていても、未来は変えられない。もちろん、転職が成功するはずもない。中途半端なお誘いは、片っ端から断ってしまおうではないか。

鬼100則 28

転職コネクションの「コネクター」となれ

就職といえば、「コネ」である。昔から「コネ枠」の募集は別にあって、その人たちだけで面接試験を行う、という企業があったことは、誰でも知っている。役員の訳アリ親戚筋や、取引先企業のドラ息子などが、縁故枠で入社したものの、まともな社員らの大迷惑となって足を引っ張る、などという〝笑えない話〟は、掃いて捨てるほどあった。

いわゆる「大人の事情」は今も存在する。とはいえ、それぞれの組織によって〝基準〟があるのだから、我々小市民が文句をいったところではじまらない。きっと〝悪代官〟たちは、知らぬ存ぜぬだろう。または、それがどうした、と開き直っている。

しかし、転職するにあたり、「コネクション」があったほうが有利であることは間違いない。いや、有利どころか、一般には公開募集をかけていない特別枠、待遇のいいポジションに空きが出た、新プロジェクトのスペシャリスト採用を急募など、コネさえあれば、それらの情報やオファーは、いち早くあなたの元へもたらされる。

とすれば、コネ太郎やコネ姫をうらやんでばかりいないで、**自ら動くことで「コネ」を創り出しておいたらいいのではないだろうか。**

親の七光りなどではない、あなた自身が創り出したネットワーク・コネクションだ。

常日頃から、人脈を広げておくことが大切なのはいうまでもないのだが、だからといって、むやみやたらに知り合いを増やしたって意味がない。

ＳＮＳや地域の交流会から行動範囲を広げることが悪いとは思わないが、エセ事業主やナンチャッテ経営者、暇な窓際族や食えない士業など、いくら彼らと薄っぺらな人間関係を構築したところで、それを「コネクション」とは呼ばない。

まずは**打算や見返りを捨て、**周囲の信頼できる身近な取引先関係者や知人友人から、**あなたのほうが「コネ」の立場となるべく、役に立てるようできる限り尽力すること**である。

困っている人と解決できる人を〝接続〟してあげる「コネクター」となることからはじめるといい。そう、**「コネ」とは深い信頼関係を構築すること**なのだ。

ぜひ、これからのあなたは、「何か、困ったことありませんか？」を口ぐせに、**転職コネクションを広げてほしいものである。**

鬼100則 29

旬な転職期に「時代を超えた実力」を備えておけ

私が人生初の転職をしてから早30年以上が経った。あっという間に、時代は平成を飛び越えて令和となってしまった。

そうこうしているうちに、私も50代を迎えたわけだが、新卒で入社した当時の大手飲料メーカーでは、優秀な先輩から我先にと、辞めていったことが思い出される。私も煽られるようにして、新卒4年目の秋になって初めて、「転職」を決意したのだった。

同様に、いつの時代も、仕事に自信のある者から組織を飛び出していくようである。

一方で、心身共に充実一途の〝旬な転職期〟において、「まだ機は熟していない」「もう少し様子を見ておこう」「いつかそのうちに」と**転職への一歩を踏み出せないまま、今になってみて、「後悔している」という者たちも多くいる。**

やはり、いざ転職するとなれば恐い。特に初めての転職となれば、腰が引けるのも無理はないだろう。とりあえず慣れ親しんだ現職で、2、3年ごとに何度かジョブローテーションを繰り返しておけば、いつかそれなりのキャリアプランも見えてくるのかもしれない。

その上で、セカンドキャリアを考えるのも悪くないが、**否応なしに〝とき〟は刻まれていく。そう、人間は必ず歳をとる。**ぱっと瞬きをして1年、はぁーと溜め息をついて3年、うとうと居眠りして10年、である。

40代を迎えたそのとき、あなたに〝時代を超えた実力〟が備わっていなければ、もはやつぶしはきかない。

だからといって、早計に目先の条件面だけで「短絡的な横滑り転職」を繰り返していても、進歩がない。景気のいい業界や人気のある職種、新進気鋭のベンチャー企業を、表向きの華やかさに誘われ、ただ流浪しているようでは、進歩どころか後退を意味する。

〝キャリアダウン〟を繰り返しているうちに、気がついたら、誰も相手にしてくれないただの好好爺《こうこうや》になっているに違いない。

そうなればもう、後戻りできない。あくまで**「長期的な視野」から〝今〟を生きなければならない。**

「キャリア組」として生き残ることができる人は、決してチャンスを先送りにせず、かといって無計画にフライングすることのない、未来志向の達人なのである。

鬼100則 30

「終身雇用マインド」で臨め

昨今においては、「転職する人は先進的」で「終身雇用にしがみつく人は時代遅れ」というような風潮がある。

たしかに、何度かステップアップの転職を重ね、それぞれの場所で成功を収めたのであれば、それはそれで偉大なること。大いに結構なのだが、実際にそれが通用する実力者は稀である。よって**私は、終身雇用という制度こそが、大多数のビジネスパーソンの〝理想郷〟であると崇めている。**

そんなことをいい出すと、私がこうして、「転職教」の教祖様のような本を書いておきながら、矛盾していると感じる人もいるかもしれない。

というかそもそも、定年を迎えるまで一企業で出世街道を歩むのがよいのか、それとも何回も何回も発展的な転職をするのがよいのか、ここでそれを問いかけることには、何ら意味がない。**不毛の議論である。**

端的に**答えを明かすなら、それは「人それぞれ」**。終身雇用にしがみつき、ひたすら息を吸うだけの働き方には疑問符がつくし、転職・転職・転職と叫び、どれだけ転職したのかを誇らしげに自慢している人にも、違和感ありありではないか。

かつて戦後の高度経済成長期には、終身雇用や年功序列といった雇用形態が、当たり前のように成り立っていた。しかしそれは、護送船団方式といわれた**昭和時代の企業効率に合っていたから定着したの**であって、決して、日本人のリスクをとらない安定志向や、冒険できない肝っ玉の小さな国民性ゆえ、ではないはずだ。いつの時代も、日本人だって、勝負するときは勝負するのだ。バカにしてもらっては困る。

今の時代、年功序列はともかくとしても、終身雇用を全否定してしまうのはいかがなものか。できるだけ、**一つの企業で長く働き、成長し続けることができるのであれば、これほど幸せなことはない**だろう。いや、本来はそれを目指すべきだ。

企業側もそんな人材を望んでいる。企業は学校ではないから〝経験の場〟として、すぐ「はい、さようなら」の腰掛け転職ばかりでは、採算が合わない。

結局、一つの会社に骨を埋めようという覚悟、いわゆる**「終身雇用マインド」を持って臨むことが、転職を成功に導く〝近道〟になる**のである。

鬼100則 31

「野心」むき出しでアクセルを踏め

「報酬だけ」「肩書きだけ」に目がくらんで転職するのはいかがなものだが、かといって、完全に野心を捨て去り、ボランティアに生きろというつもりは毛頭ない。そこのところ、決して矛盾したメッセージではないので、しっかりと腹に落としてほしい。

転職市場を見渡すと、野心や出世欲のない若者たちが増えたものだ、とつくづく思う。ギラギラした上昇志向は微塵もなく「出世には興味がない」と、ゆとり世代の若者たちは胸を張る。

それでいて「転職してキャリアアップしたい」というのだから、いったいどこに向かっているのかよくわからない。スペシャリストを目指す、というのならまだわかる。ビジネスパーソンが皆、ゼネラリストを目指す必要はないだろう。

でもどうやら、〝そこそこ〟のポジションには就きたい、と思っているらしい。**ある種の「妥協とあきらめ」である。**

たしかに、〝そこそこ〟で出世をあきらめてしまえば、それは楽かもしれないが、もうそれ以上、レベルの向上は図れないのではないのか。

彼らは、転職に向かってアクセルを踏むと同時に「自分への裏切り」というブレーキをかけている。心の奥底では、野心という名のエンジンが悲鳴をあげているはずだ。

これからはもう、**ブレーキをかけている〝負け犬〟を運転席から降ろすこと**である。自己欺瞞の矛盾と葛藤から、自らを解放してあげてほしい。

そう、**上昇志向を持って転職するからこそ、そこに自己成長のチャンスが生まれる**のだ。**転職を成功させるためには、自らの「向上心」と正直に向き合うこと**である。そのようなメンタルにシフトできれば、転職先企業に対し高額な報酬を要求することも、より高いポジションを約束させることも、すべてにおいて遠慮がなくなる。

人よりも条件のいい転職に成功することができた暁には、それは当然の〝逆指名〟であったと、素直に胸を張れるのだ。

転職に成功しているビジネスパーソンは、皆そういうマインドを持っている。**堂々とした〝野心むき出し〟な態度で、人生を変えていく**のである。

鬼100則 32

「報酬だけ」につられて苦役を強いられるな

報酬条件に妥協してほしくはないが、だからといって、報酬「だけ」に目がくらんで仕事を選んでほしくない。

たとえ高収入の会社に入社でき、懸命に働いたとしても、あなたが見失ってしまった〝やりがい〟をとり戻せる保証はない。

給与・ボーナスの額こそが〝やりがい〟となり、働く喜びとなる、という考え方は、転職の「落とし穴」になりかねない。よって、転職する前に、深層心理に棲みつく固定概念をひっくり返し、発想の「転換」を図っておかなければならないのだ。

その概念とは、「仕事とは我慢を強いられる苦役であり、その代償として給与・ボーナスを得られる」というもの。簡単にいえば、**「給料日だけが楽しみ」という生き方である。**

たしかに、「金のため」「生活のため」という目的があるからこそ、吐き気がするほど嫌な仕事にも耐え忍ぶことができるのが、労働者の現実なのかもしれない。

しかし、その概念が根っこにある限り、苦難の日々はまだまだ続く。何度も転職を試みたところで、本当の〝やりがい〟を得ることはできないだろう。

とどのつまり、**金銭欲というのは、短期的なモチベーションしか生まない。**やる気が長く続いたところで、せいぜい2、3年だ。

そうしてあなたは、高収入をエサに苦役を強いられる労働者として再就職を繰り返し、「真の報酬」を得られないまま歳をとっていくのである。

それでもなお、過酷な「人生ゲーム」を続けるのか。

いや、もうそろそろ目を覚ます時期だ。あなたが本当に「仕事そのもの」を充実させたいと願うなら、給与・ボーナスだけに〝やりがい〟を求める転職はやめること。転職する基準は、**自分が成長できる感動体験を積めるかどうか、その〝カタチのない報酬〟を基に決めておけば間違いない。**

そう、その苦役の中にも、「感動する瞬間」があるのではないのか。過酷なミッションをやり遂げた達成感・上役からの称賛・チームの連帯感など、その〝経験〟こそが、ボーナス以上のボーナスであると、そう解釈することはできないだろうか。稼いだ金は使ってしまえばなくなるが、**感動体験から得た成長という対価は「永久ボーナス」なのである。**

鬼100則 33

「高額年収オファー」を引き寄せろ

給与・ボーナスを第一に考えて転職するな、とは書いたものの、「でも、やっぱり年収は大事な要素だよね」という人は多いだろう。それはそうだ。養うべき家族だっている。なんといっても、年収は一つのステータスだ。社会的な評価でもある。

ではここで、転職における「年収の考え方」について、非科学的な持論を展開しておきたい。観念的・信仰的な仮説が嫌いな人は、読み飛ばしてくれて結構だ。

実は、**お金とは〝所有主を選ぶ〟のである。**

以前、某メガバンクに勤務している元部下から、「ジャンボ宝くじ」の当選者について、極秘に話を聞かせてもらったことがある。営業担当者である彼は、当選金を銀行に預けてもらうため、預金、債券、保険、投信など、さまざまな金融商品を提案するらしい。

それまでの私の勝手なイメージは、「数億円」という破格の大金が、いきなり天から降ってわいたお客様というのは、「突然の幸運に狂喜乱舞し、金の亡者となって冷静さを失い、破滅していく」というものだった。

しかし、元部下からの〝真実の声〟を聞いてみると、それは意外にも、**当選したお客様は皆揃いも揃って「人格者である」**というのだ。謙虚、親切、善良、堅実などの特徴があり、決して偉ぶらず、凛として落ち着き払い、すべての対応が紳士淑女であるとのこと。そう、大金を手にすることのできる人には〝共通点〟があったのだ。

そこで私は、お金には〝人格〟が宿っている、という仮説を立ててみた。お金には感情があって、**大金を使う〝資格〟がある人にだけ、引き寄せられる**、と。

だから、ギャンブルや夜の街で散財しているうちは、出たり入ったり、なのである。**あなたが真っ当に生きるために必要な額だけが「人生の銀行口座」へ振り込まれる、としたらどうだろうか。**多すぎず少なすぎず、親が愛する我が子に適した額のお小遣いを与えるのと同様に、采配しているのである。よって、金銭感覚がまだ〝子ども〟のうちは、あなたに大金を与えてくれないというわけだ。

安い給料に対して、ぶつぶつ文句をいう前に、**お金に認めてもらえるような大人を目指さなければならない**。そうすれば、やがて「高額な年収オファー」が舞い込むに違いないと思うのだが……どうだろうか。もちろん、信じるかどうかは、あなたの自由である。

鬼100則 34

「安売り」するな

決して報酬額〝だけ〟に促されてほしくはないが、**「高収入」にこだわり抜くことは、苦役の代償を大きくすることではない。あくまで収入＝あなたのバリュー**なのだ。せっかく転職するからには、年収アップはマスト。もし年収がダウンするような転職であるなら、それは自らの価値を下げ、プライドを捨てる行為である。

仮にいったん、転職後の1、2年は多少年収が落ちたとしても、いずれとり戻してあまりあるほどに、年収アップする可能性が約束されているなら、それもありだ。

しかし、先々の収入アップが曖昧なまま、「安定している」「残業時間が少ない」「将来性が高い」などを理由に転職しても、**妥協を言い訳にした再出発は、情熱を奪っていく。**

くれぐれも、**自分の「安売り」はやめてほしい。**転職はバーゲンセールではないのだ。

安い仕事は、どうあがいても行き着くところ、安い仕事でしかない。結局、仕事のレベルはそこまでだ。もはやあなたの成長は見込めない。それは当然だ。**より高い収入で入社**

すれば、それに見合った仕事を求められる。だからこそ、腕が磨かれるのである。

どれだけ自分を高く売るのか。それが「ザ・転職」の醍醐味である。そのハイレベルな勝負を避けてはいけない。**年収というのは、仕事の責任の重さや、あなたの経験や技術の「価値」によって決められる**のだから、簡単にバーを下げてはならないのだ。

あくまで、ビジネスのプロとして、ＦＡ（フリーエージェント）する気概を持つことである。こんなチャンスはめったにないのだ。数年に一度あるかないか、まさにプロ野球選手のＦＡと似ている。30代のピークをすぎたら、よほどの名選手でないかぎり、年収アップは見込めないし、声さえかからなくなるのが、この世界だ。

だからこそ、交渉に有利な年齢、経験、技術、才能がある限り、貪欲に希望額を要求するべきであり、それはあなたの「権利」なのである。

エントリー先をリストアップする上でも、現職の年収を上回りそうもない企業は、はじめから切り捨てたほうがいい。さらに、**あなたの願望を明確にした上で、強欲に転職活動を進めていくと、不思議なことに年収の高い企業と巡り合える。**

世の中の「ご縁」というのは、そうやって結ばれていくものである。

私自身の転職人生が何よりの証明だ。収入に妥協しなかったおかげで、今がある。

「早期治療」を急げ

恥ずかしながら、読者の方々のためになればという一念で、カミングアウトしよう。

あれは今から3年前のこと。「薄毛」が気になりはじめた、50代も半ばに差しかかった頃の話だ。周囲の心優しい人たちからは、「全然、薄くなんてないですよ」「まったく気にすることないって」「まだまだ大丈夫ですよ」という慰めや〝励〟ましの言葉をもらった。

だが確実に〝悪魔の後退〟が進行していることは、私自身が一番よく知っていたことだ。

市販の育毛剤などで「対策」を図ったものの気休めにしかならず、悩みは深刻だった。

そこで私は、「とり返しがつかなくなる」その前に、早め早めの薄毛対策をと、専門のクリニックを訪ね、治療薬を処方してもらった。そう、**薄毛というのは、れっきとした「AGA（男性型脱毛症）」という病気なのだ。だから「治療」すれば治る**のである。

それからのたった半年間で、みるみる自力で「増毛」していったのだから、驚いた。もう笑いが止まらないとはこのことだ。それからの私は、もはや「悩み無用」である。

生え際や頭頂部の抜け毛が進行し髪が薄くなるのは、「悪玉テストステロン」といわれる男性ホルモンの影響が主な原因と考えられ、ＡＧＡ患者の数は全国で１２００万人と推定されている。それは、成人男性（20～69歳）の約三人に一人に当たるのだ。

ＡＧＡは進行性で、何もせずに放っておくと髪の毛の数は減り続け、徐々に薄くなっていく。だから早期治療が大切、というわけだ。薄毛になっても、うぶ毛さえ残っている限り、髪の毛は太く長く育つ可能性があり、**決してあきらめる必要はない**のである。

一方、仕事上の不満を抱え、潜在的に転職を考えている成人男性も同様に、３分の１以上いるというデータもあるが、**どれだけの人が、「転職（治療）」に動いているのだろうか。**

仮に、あなた自身が、ハゲても平気だし、現職の不満もまったく気にならないというのなら、そのまま放置しておけばいいだろう。転職も治療も、無理には勧めない。

しかし、**あなたの人生をより〝かっこよく〟改善させたいと願うのなら、早め早めの治療が必要になる。**やり直しがきかない年齢になるその前に、急いで治療をしておかないと、増毛（増収増益）のチャンスは〝薄れていく〟。

あなたの人生は、まだ前哨戦。**太く長く増毛（キャリアアップ）できるのは、あり余る「成長エネルギー」がまだ残っている若い時期だけなのだ。**あきらめてどうする。

鬼100則 36

転職の「セカンドオピニオン」を活用せよ

毎年、人間ドックでオールAという健康体であった私が、最近、思いがけず「白内障」の手術を受けることになった。はじめに診察を受けたベテランの眼科医からいわれたのは、「歳をとれば誰でも白内障になる」「白内障はシワみたいなもの」「白内障は治らないから、悪化するまでほっとくしかない」という程度のアドバイスだった。

私はその診断を頭から信じ、「視界不良の不便さも、老化現象の一つなのだから仕方がない」と、しばらくは我慢を強いられていた。

ところが、先進的な別の眼科医に診てもらったところ、「白内障は、手術して根治させたほうがいい」と、強くいいきるではないか。しかも、自由診療の人工レンズを入れれば、「老眼も近眼も乱視も全部治っちゃいますよ」と、10代の頃から近眼の不便さに悩まされてきた私にとって、まさに〝夢のような診断〟をされたわけだ。

実際に、術後の見え方は、ピンボケの白黒テレビから、高画質の8Kテレビへ〝進化〟した。

手術前が、白くモヤのかかった思い出の回想シーンなら、手術後は、超鮮明な３Ｄフルハイビジョンの現実世界。**「世の中って、こんな美しかったのか」と、心から感動した。**

何よりも、ゴロゴロしょぼしょぼするコンタクトレンズの違和感や、メガネをかけたり外したりの煩わしさから解放され、朝の目覚めもスカッと気分爽快だ。

もし、はじめの眼科医だけのアドバイスに従っていたら、「見える世界」がまったく違う、別の人生を歩むことになっただろう。

というように、がん治療などの医療においては「セカンドオピニオン」は当たり前の時代になったが、さて、**人生を治療する「転職」についてはどうだろうか。**

はたして、はじめに相談したキャリアアドバイザーや一番早く内定が出た企業担当者の話だけを鵜呑みにしていいのか。もっといえば、**新卒以来勤めているその会社の常識は世間一般の常識なのか。**念のため、疑ってみる必要があるのではないだろうか。

根が素直なあなたは、運命的な「初恋の相手」に惚れ込み、すべてを信じ込んでしまうクセがある。そして周囲からの貴重な情報を遮断してしまうのだ。

キャリアプランは、決して一つではない。**〝転職のセカンドオピニオン〟に相談すれば、あなたの視界にも、ハイビジョンの「美しい景色」が見えてくるに違いない。**

鬼100則 37

「応募辞退」したあとも人事担当者とはつながっておけ

かつて私も、人事担当のマネジャーとしてさまざまな採用候補者と関わってきた。もちろん、ご縁があった内定者もいれば、残念ながらご縁がなかった数多くの候補者もいた。その中には、先方からの「辞退したい」という申し出もある。適性や条件面を考えた上での結論なのであろう。理解不足や誤解、お互いの相性の問題もあったかもしれない。だからそれはそれで致し方のないことなのだが、**問題は〝別れ方〟**だ。最もたちが悪いのが「自然消滅」である。**就職というのは、ある種「結婚」と似ている**といえなくもない。とすれば、内定までのプロセスというのは交際期間ということになる。自然消滅というのも10代の頃の恋愛であれば「いい思い出」で済むのかもしれないが、ビジネスの上でのこととなれば、そうそう穏やかではいられない。

音信不通で連絡なしというのは、社会人としての常識を疑わざるを得ない。何度も何度も時間を共にして、握手を交わし「一緒に頑張ろう」と誓い合ったにもかかわらず、その結果、辞退を申し出るとなれば、気まずくて今さら連絡しづらいのはよくわかる。

しかし、**この行為。あまりにも非常識ではないだろうか。**まったくもって失礼極まりない。なぜ、電話一本、メール一通ができないのか。

もし、辞退しなければいけない事情があるなら、直接人事担当者へ会いに行き、謝罪とお礼を伝えるべきである。他社を選んだのであれば、または現職に留まるのであれば、その理由を正直に伝え、誠実な対応をするのが人の道だろう。

なぜなら、**人事担当者とは、これが「最後」とは限らない**からだ。

世の中は意外と狭いものである。同業界であれば、転職する先の上司としてその担当者が転職してくるかもしれない。また、あなたが再度転職する先の人事担当者として再会する可能性だってある。

むしろ、人事担当者とは、これをきっかけに懇意になり、プライベートで飲みに行くほどの関係を築いておくことだ。**転職のスペシャリストであることを忘れてはいけない。相談相手となり適切なアドバイスを送ってくれることもある**だろう。

あなたを支えてくれる人生のパートナーと成り得るかもしれないのだ。だから、断るときも、抜かりなく「仁義」を通しておくことである。

鬼100則 38

辞める前に「爪痕」を残せ

転職を検討しはじめると、あなたの頭の中は次のステージのことでいっぱいになる。すると当然、今の仕事に集中できなくなってモチベーションは下がり、生産性は落ちていく。そうなれば、上司からの低評価は避けられず、ますます不満は募る。

こうして、何かに背中を押されるかの如く、転職へ転職へと気持ちは傾いていくのだ。

その段階で都合よく、すいすいと最高の転職先が決まればいいのだが、パフォーマンスが上がっていないときというのは、得てして良縁を引き寄せないものだ。

焦って逃げ込むように転がり込んだその転職先においても、ふたたび転職を検討しはじめなければならない 〝転落スパイラル〟 へと堕ちていく羽目になるのである。

そう、転職への準備に入ったその段階であるからこそ、「現職」を投げ出さないでほしい。

転職を考えるのであれば、**それまで以上に、目標と成果にこだわり、絶対にパフォーマンスを落としてはいけない。** むしろギアを最大限に上げ、目の前のタスクへと一心不乱に打ち込むことだ。

そんな常にエネルギッシュなあなたであるなら、どの企業も欲しがるに決まっている。**「やるべきこと」を怠らないプロ意識があるかどうか、それを見抜かれている**と思ったほうがいい。転職の神様も、あなたのそんな姿を見てくれているのかもしれない。**全力を尽くしているあなたのところへ「良縁」を運んでくれるのだ。**

もし、いつも意欲的なあなたが転職するといい出したら、職場の上司や仲間たちは、まさに寝耳に水、頑張っているあなたがまさか辞めるとは思っていないだろうから、必死に引き留めることだろう。

逆に、手を抜いて実績を落としているあなたが、いざ退職を願い出たときに「別に辞めたいならいつでもどうぞ」では、あまりにも寂しすぎるのではないだろうか。

やはり、慰留され、惜しまれつつ、辞めたいはずだ。

だから**決して手を抜くことなく、いや、むしろ「立つ鳥跡を濁さず」、もう一花咲かせて恩返しする気概を持たなければならない。**

ホップ・ステップの助走をつけて転職のステージへ駆け上がるからこそ、新たな職場で大きくジャンプアップできるのである。

鬼100則 39

時代に遅れるな「マーケットバリュー」を確かめろ

時代は猛烈な早さで駆け抜けていく。うかうかしていると、すぐに時代からとり残されてしまう。

転職市場もいうに及ばず、である。この際、転職するしないは、隅に置いておこう。情報収集はもとより、常に全力疾走で駆け抜けるスピード感を持っていなければ、ビジネスの世界から周回遅れになっている自分に気づかないまま、「時代遅れの痛いやつ」というレッテルを貼られてしまう。

ボーッと生きている暇はない。 得体の知れない閉塞感の中でマンネリにもやもやし、モチベーションをコントロールできないあなた。そんなノロノロと停滞している人生をパーッと明るくするためには、「アクティブな転職体質」へと改善していく必要がある。

現状の不平・不満や不安・心配に対し、じっと動かずに耐え忍んでいるだけでは、ストレスは溜まり放題、スランプ地獄へ嵌《はま》っていく一方だろう。

いつでも転職できるスタンバイはＯＫだろうか。ダッシュできるだけの助走はとれているだろうか。

えっ？「現状に満足している」だって？

嘘をいっちゃいけない。それは、満足ではなく〝やせ我慢〟だ。

今のところは転職する気などゼロでもかまわない。とにかくトライアルで、転職活動をはじめてみてほしい。自分をどれだけ高く買ってもらえるのか、あなたのマーケットバリューを確認することはもちろん、何よりも、他業界や同業者たちの動向を見極めてほしいのだ。常に世間の動きをつかんでおいてほしいのである。

そうすれば、**今のあなたの立ち位置がわかる。〝我に返る〟ことができる**のだ。

高嶺の花の企業からでもいい。落とされて自分を戒めるのもまたいい経験。そうして改めて〝現職で働く覚悟〟が固まるかもしれないし、次のステージに向かい、いてもたってもいられず勇み立ち、動きはじめるかもしれない。

どちらにせよ、**「さらなる高み」を目指し、スピードを加速させるだろう。**

日々、〝鬼のように〟進めば進むほど、人生も前へ前へと進み出す。人生の運気も動き出すこと間違いない。

鬼100則 40

「その場所」からさあ立ち上がれ！

厳しいビジネスの世界だ。いつも順風満帆とは限らない。左遷もあれば、降格もある。出世競争に敗走することもあれば、不運な失敗もある。不況もあれば、買収劇もある。罠もあれば、裏切りもある。

あなたがどれだけ努力しても不当な評価しか得られず、「もうやってられない」とやさぐれてしまうこともあるだろう。

そんなふうに追い込まれたとき、**活路を見出してくれるのが「転職」**なのかもしれない。決して転職を逃げ道にはしてほしくないが、正々堂々襟を正してリセットし、人生を仕切り直しできるのが、転職のいいところだ。

転職には、成功の舞台を移す発展的な転職もあれば、挫折から立ち直ろうとする「人生V字回復」的なやり直し転職もあるのだ。

それでも、なぜかあなたは、なかなか〝重い腰〟を上げることができない。

しかし、いつまでも逡巡し二の足を踏んでいる場合ではない。人生それほど長くはないのだ。**カフェやパチンコ店の椅子から、いかに早く立ち上がるか**である。

「転職の神様」がいるとしたら、あなたが転んでしまったことに、もはや興味はないと思う。**その場所からどのようにして立ち上がるのか、その姿勢次第では、神様が強く背中を押してくれる**かもしれない。

信じてみようではないか。人生やり直せるということを。

だからもう、**「宝くじでも当たらないかなあ」だなんて、バチ当たりな〝神頼み〟に逃げるのは、いい加減やめにしないか。**

こうなればもはや、転職することから目を逸らしている場合ではない。「どこかにいい仕事はないかなあ」程度では埒《らち》があかないのだ。

後ろ向きな現実逃避から前向きな転職へと、気持ちを切り替えることである。現状の悪循環を断ち切るには、一日も早く転職するしかないのだ。

今が、汚名返上、名誉挽回、捲土重来を期して巻き返すチャンスなのだ。

落ち込んでいる場合じゃない。**いつまで「その場所」に座っているのか。**

さあ、勢いよく立ち上がれ！

第3章

Interviews
～鬼面接～

僕が知っている「ドーピング」はただ一つ
努力だけだ。

ロベルト・バッジョ

人は、得るもので生計を立て
与えるもので人生を築く。

ウィンストン・チャーチル

鬼100則 41

「職務経歴書」を甘く見るな

あなたはこれまで、書類選考で落とされた経験はないだろうか。何社も何社もエントリーしても手ごたえがなく、面接にすらたどりつけなかった、という「豆腐に鎹《かすがい》」「暖簾《のれん》に腕押し」的な人もいるはずだ。まったくもって、ご苦労さん、である。

しかし、「どうせ自分のような学歴・職歴では、まともな企業は相手にしてくれないだろう」などとあきらめるのはまだ早い。というか本当に、学歴や職歴だけであなたという人間がジャッジされているのだろうか。

まさしく、それも「採用あるある」だ。偏差値が高い大学を卒業しているほうが有利に決まっている。前職で優良企業に勤務していた経験が買われるのは当然だ。

しかし、まだまだ世の中は捨てたもんじゃない。**今どき、大学の偏差値や、前職の会社が大きい小さいだけで、優秀な人材を採用しようだなんて企業は、こちらからお払い箱でいい。**真剣に「企業は人なり」を実践しようとしている会社であるなら、人材の本質をよく吟味しようとするはずだ。日を皿のようにして「職務経歴書」を読み込まないはずがない。

さて、**そんな採用担当者の情熱に対し、あなたの情熱は勝っているだろうか。**

おそらくあなたは、**職務経歴書を甘く見ている。**単なる書類、事務的に必要な紙切れ、形式的な申込書などと勘違いしているのだろう。ほとほと呑気な坊や・お嬢ちゃんである。

履歴書や職務経歴書というのは、儀式的に出せばいいというものではないのだ。

そういわれたあなたは、「いや、完璧な内容に仕上げている」と思っているに違いない。でも本当にそうだろうか。もしやそれは、ウェブ上で検索したお手本どおりだったり、人材コンサルタントに指導された教科書どおりのものではないだろうか。

私は断言できる。なぜなら、今まで何千何万という職務経歴書をこの目で見てきたからだ。まったくもって、そのほとんどは、目を覆うばかりの「没個性」である。その人が、具体的にどんな仕事で汗を流してきたのか皆目わからない。

もっとあなたの「持ち味」をアピールしてほしい。もっともっとあなたの「アイデンティティ」を訴えてほしい。もっともっともっとあなたの「武勇伝」を詳細に書き込んでほしい。

いっておくが、職務経歴書とは会社や所属部署を説明するためのものではない。

あなたの血の通った真価本領が記されてはじめて、「職務経歴書」と呼べるのである。

鬼100則 42

いったい「何者なのか」マイストーリーを開示せよ

多くの採用候補者と面接をしてきて残念に思うことは、「自己紹介」のレベルの低さである。下手すぎて退屈極まりなく、私は毎回のようにあくびを噛み殺している。すでに職務経歴書に書いてあるようなことを、だらだらと説明されても、「だから何？」といいたくなる。そんなこと、**読めばわかる。それは「経歴紹介」であって「自己紹介」ではない。**

あなたは、何か大事なことを忘れていないだろうか。**〝自己開示〟の重要性を、である。あなたがいったい「何者」なのか、しっかりと相手に伝えきれていない**のだ。

〝痛い応募者〟がやってしまう失敗の代表例は、「履歴書の説明」や「職務経歴書の朗読」を隅から隅までひたすら続けることである。

いやいや、ちょっと待った！　そんな自己紹介で、面接官はあなたという人間に魅力を感じるだろうか。

魅力どころか、むしろ、何のいい印象も残るまい。限りなくインパクトもゼロだ。「人間力なし」という評価しか得られず、次の面接ステップへと進む可能性は低いだろう。

断っておくが、あなたのバリューやアイデンティティ、パーソナリティやキャラクター、何を目的に働いてきたのかなど、それらについて、職務経歴を説明しただけで、理解してもらえると思ったら、大間違いである。

開口一番にすべきことは、あなたが先に〝心を開く〟ことである。

要するに、**面接官との距離を縮めるような〝裏プロフィール〟をさらけ出せということだ。あなたの人生にも、ドラマチックな物語があるはず。そんなあなたの個性あふれる「マイストーリー」を開示する**のだ。

短くまとめたあなたのキャッチフレーズにはじまり、少年少女時代の夢、家族への思いや愛あふれるエピソード、情熱を注いできたスポーツ、ユニークな趣味や特技、崇高な理念やビジョン、揺るぎないミッションや信条、人生を変えた座右の銘、「なぜ、この仕事を続けてきたのか」など、**インパクトのある〝自己開示〟**をしてほしい。

隠すことなく、等身大の自分をオープンにするといいだろう。

あなたが心を開けば、その先の人生にも「道が開ける」に違いない。

「入社してあげる」で高く売り込め

あなたの〝売り〟は何だろうか。

「弱み」ならたくさんあるという自嘲気味なあなたであったとしても、「強み」の一つや二つはあるだろう。

あなたは企業側に対し、**才能を売り、経験を売り、技術を売り、アイデアを売り、「価値を売る」のである。**

であるにもかかわらず、「ぜひ、御社へ入社させてください」という低姿勢で、〝媚びを売る〟転職組が実に多い。それが現状だ。

ああ、なんとも情けない。あなたの自尊心はどこへ行ってしまったのか。

もしあなたが、ペコペコと頭を下げてばかりの転職活動を続けているのであれば、そのスタンスを、一刻も早く改めなければならない。

無論、**謙虚さも必要だが、それも度をすぎると、卑屈に見える。**自己卑下してしまったあなたは、もはや魅力を失っている。輝きも消えている。

一見、ニコニコと愛想のいい笑顔は、好感度が高く、面接官のウケはよいかもしれない。

そして、その笑顔を武器にすれば合格することがあるかもしれない。

しかし、それだけが評価されて入社したところで、たいした仕事は任せてもらえない。

だからもう、**「入社してあげる」でいいのである。「御社のために、一肌脱ぎましょう」という自信満々な〝雄姿〟を貫き通すこと**だ。

「入社させてほしい」という安売りの態度は評価を下げるが、「入社してあげる」という態度は信用度をアップさせる。

いい意味での高飛車な姿勢が、採用する企業側にとって「頼りになるビジネスパーソン」という信頼感を生んでくれるのである。

とはいえ、偉ぶった上から目線の傲慢な態度で接しろというつもりはない。それではまるで、世間知らずの高慢ちきな生意気野郎である。当然ながら、格式の高い礼儀やビジネスマナーが必要であることはいうまでもない。

だからといって、極端にペコペコと卑屈になり、媚びる必要はまったくないのだ。

堂々とした態度をとったほうが、**あなたは信用され、「高く売れる」**のだから。

鬼100則 44

「クール」な姿勢を貫け

日頃から情報収集に熱心なあなたのことだ。企業情報については、かなり詳細につかんでいることだろう。

ただ、いざ転職先が絞られてくると、ついつい**「期待値」が膨らんでしまい、いい面ばかりを贔屓目《ひいき》に見てしまう傾向がある**のではないだろうか。

これから自分が入社するかもしれない企業である。ある一定の疑問が晴れて、恋心が本気になりかけてきたときには、段々と周囲のアドバイスも耳に入らなくなるものだ。

あなたの友人が、よかれと思って「こんな悪い噂があるよ」なんて助言してくれたとしても、冷静さを失っているあなたにとっては、「余計なお世話だ」と意固地になってしまったり、妬みや僻みでいっているのだろうというくらいにしか、耳に入ってこなくなる。

短所よりも長所、欠点よりも美点、デメリットよりもメリット、リスクよりもリターン、現在の業績不振よりも将来の成長計画、というように、すべて性善説で信頼するあなたの

郵便はがき

恐れ入りますが
切手を貼って
お出しください

112-0005

東京都文京区水道 2-11-5

明日香出版社

プレゼント係行

感想を送っていただいた方の中から
毎月抽選で10名様に図書カード(500円分)をプレゼント!

ふりがな お名前
ご住所　郵便番号(　　　　　　)　電話(　　　　　　) 都道 府県
メールアドレス

* ご記入いただいた個人情報は厳重に管理し、弊社からのご案内や商品の発送以外の目的で使うことはありません。
* 弊社 WEB サイトからもご意見、ご感想の書き込みが可能です。

明日香出版社ホームページ　http://www.asuka-g.co.jp

ご愛読ありがとうございます。
今後の参考にさせていただきますので、ぜひご意見をお聞かせください。

本書の
タイトル

年齢：　歳	性別：男・女	ご職業：	月頃購入

● 何でこの本のことを知りましたか？

① 書店　② コンビニ　③ WEB　④ 新聞広告　⑤ その他

(具体的には →　)

● どこでこの本を購入しましたか？

① 書店　② ネット　③ コンビニ　④ その他

(具体的なお店 →　)

● 感想をお聞かせください

① 価格	高い・ふつう・安い
② 著者	悪い・ふつう・良い
③ レイアウト	悪い・ふつう・良い
④ タイトル	悪い・ふつう・良い
⑤ カバー	悪い・ふつう・良い
⑥ 総評	悪い・ふつう・良い

● 購入の決め手は何ですか？

● 実際に読んでみていかがでしたか？（良いところ、不満な点）

● その他（解決したい悩み、出版してほしいテーマ、ご意見など）

● ご意見、ご感想を弊社ホームページなどで紹介しても良いですか？

① 名前を出して良い　② イニシャルなら良い　③ 出さないでほしい

ご協力ありがとうございました。

前向きさは素晴らしい。

しかし、その観点で転職先と接しているようでは、甘すぎる。手っ取り早く、今の職場を抜け出したいからと、判断基準を狂わせていないか、よく胸に手を当てて内省してほしい。今ここで、**目がくらんでいる自分自身を疑ってみる**ことだ。

転職先企業に惚れこむことも大切ではあるが、**転職活動を合理的に進めるためにも、冷静にその企業と距離を置く**ことである。常に心はホットでも頭はクールにしておくことは、もはや知る人ぞ知る「転職の思考原理」である。

採用される側という受け身の立場ではダメだ。あなたは料理される前の〝まな板の鯉〟ではない。あくまでも、面接をするのは、あなたのほうである。あなたが企業側に惚れ込んでいるそれ以上に、企業側（面接官）があなたに惚れ込むほどクールな姿勢であるからこそ、主導権を握ることができるのだ。

企業にも不採用にする権利があるが、あなたにも断る権利がある。

どこの企業も採用しないような「モテない応募者」に見られてしまうことは、あなたの本意ではないだろう。ハッタリでもかまわない。モテる男（女）をクールに貫いてほしい。

くれぐれも、「売り買いの再逆転」には注意することである。

複数名との面接でも率先して「自分の空気」をつくれ

会社訪問や面接の場面において、いや、人生のいついかなる場面においても、「空気」は読まないほうがいい。

当然ながら、企業側すべての窓口担当者への繊細な目配り気配り心配りが大事であることはいうまでもないことだし、常識あるビジネスパーソンとしても、ある一定の配慮は必要不可欠である。

とはいえ、「空気が読めない奴」と思われないようにと、挙動不審なほどに縮こまり、自分を殺しすぎるのは逆効果であろう。

なぜなら、その場の空気に合わせようとすればするほど緊張し、自分の「持ち味」を発揮することができないからだ。**空気を読もうとするほど〝存在感〟を失う**のである。

「いつからそこにいたの？」「あれ、まだいたの？」「ところで、あんた誰だっけ？」と、幽霊を見るような目つきで、悪気のない言葉を浴びせられるのだ。

人間として生まれてきて、これほど、寂しいことがあるだろうか。**空気は自らがつくり出し、相手が複数名であろうとも、面接中のイニシアティブを握らなければならない。**そもそも、人生を賭けてアピールしなければならない面接の場面で、自分の存在を殺して、いったいどうするのか。

企業が嫌う人材ベスト3とは、「消極的な指示待ち人間」「人間関係になじめない不気味キャラ」「没個性のマニュアル君」である。

だからどうか、その場の空気をつくり出すのは、常に「自分自身」であってほしい。もうとにかく、自分、自分、自分でいい。思いきって空気を壊し、厚かましい方向へ舵を切ることである。

それは、**リスクのとれる「リーダーシップ」といい換えてもいい**だろう。控え目な優等生が多い昨今、組織では、未来を担うリーダー候補生を求めているのだ。だから、自ら率先して空気をつくってくれる人物の魅力に、面接官は惹きつけられるのである。

老婆心ながら、もう一度いう。**過度な配慮はいらないし、空気を読んではいけない。「空気を変える男（女）」と呼ばれたら合格**だ。

一度しかない人生、おいしい空気を吸って、生きていこうではないか。

鬼100則 46

「最優秀主演男（女）優賞」並みの演技力で自分をだませ

もし、自分に対してまったく自信がなく、ブレブレの段階であったとしたなら、ここでいったん「自分らしく」は忘れてほしい。

発展途上のあなたが、現段階でその才能を発揮できなかったとしても、焦ることはない。あなたは潜在能力の塊、伸びしろだらけのはずだ。「伸びしろしかない」と〝自慢〟してもいいくらいである。

そんなまだ実力が開花していない、何の実績もない、たいした功績もない、そんなあなたを〝青田買い〟してくれというのだから、ずうずうしい話だ。それを採用担当者にアピールするのは困難だろう。

ではどうすればいいのか。そう、答えは簡単だ、演じればいい。

たしかに、嘘はいけないが、**あなたがなりたい自分、あなたが目指すべき姿、「未来のあなた」を先走って演じることは**、はたして〝嘘〟といえるだろうか。来るべき未来のあなたの姿を今から演じ続けることさえできれば、それはあながち〝嘘〟とはいえなくなるのではないか。だから、ハッタリをかます大ボラ吹き、大いにけっこう。

さしずめ〝転職版フェイク・イット〟ということになるだろう。フェイクとは、ニセモノのことである。

この「フェイク・イット」というフレーズは、かつて自己啓発の世界で一世を風靡した流行語だ。これを転職の舞台で活かさない手はないだろう。理想とする姿をとことん演じて演じて演じ続けることさえできれば、いずれ我に返ったときには、「本物の姿」となっているのである。よって採用した企業はだまされていないし、損もしていない。

であるなら、**最優秀主演男優賞、最優秀主演女優賞並みの演技力で、すべての人を上手にだましてあげてほしい**ものだ。

無理やりに、「私はできる」「僕はすごい」と暗示をかけても、うまくいかない。むしろ、潜在意識に「いや違う、そんなことはない」と抵抗され、逆効果になってしまう。そんなに簡単に自分自身をコントロールできるくらいなら、はじめから苦労はしないだろう。

だからこそ、**本物を演じきり、潜在意識を効果的にだまし続けなければならない。**

未来とは、嘘から出た実《まこと》だ。嘘の連続が未来を創るのである。

「鬼の想定問答」を猛特訓せよ

ほとんどの人が「転職初心者」であろう。まさか一度や二度の転職経験があるくらいで、すべてが「わかっている」つもりになっている人はいないだろうが、ときどき〝初心者であること〟を忘れ、無闇やたらに見通しの甘い転職活動に終始している人を見かける。準備不足のまま、未熟な情報収集や下手くそな自己PR面接を貫いた挙げ句、第一志望の企業から一向に「内定」が得られない、というわけだ。

「さあ、気持ちを切り替えて次の会社へ」という挫《くじ》けないマインドには、応援の拍手を送りたい。とはいえ、このタイプの人の将来は、暗中模索で見通しが立たない。

前述してきた通り、企業訪問において、自然体であることは大切だし、ありのままの自己開示ももちろん欠かせない。用意周到にとり繕った余所《よそ》行きの自己PRは最悪なのだが、かといって、**成り行き任せの「テキトー流」では困る**のだ。

企業にとっては、一人ひとりの社員がレプレゼンタティブ（代表者）である。やはりどこへ出しても恥ずかしくない人材が望ましい。よって、一般常識が足りない若輩者や個性が尖りすぎた無法者は敬遠したいし、薄っぺらな知ったかぶり野郎はふるい落としたい。

応募する立場のあなたとすれば、企業側から誤解されないよう、また、**最大限のパフォーマンスを発揮できるように、怠りなく準備しておきたい**ところである。

採用担当者との面接対応にはセオリーがある。まずはそれをしっかりと身につけておきたいものだ。身だしなみや挨拶の仕方などの基本はいうに及ばず、**「想定問答」を丸暗記するステップからはじめてほしい。**個性を出すのはそれからでいい。

たとえば、面接官が納得する前向きな退職理由、根拠ある実績と賞罰、強みや特技、成功体験とその背景、失敗談とその教訓、明確な将来像や目標、心を打つ志望動機など、「やってきたこと」と「やりたいこと」を明快に即答できるようになるまで、練習に練習を積み重ねておくことだ。

この機会に、「想定問答」をゼロから作成し直してみてはどうだろう。そしてそれが完成したら、**一言一句たがわずに復唱できるまで、繰り返しトレーニングを積んでほしい。**パターン化された流暢な回答レベルでなければ、それを「鬼の想定問答」とは呼ばない。

そんな濃密な事前準備が、〝内定浪人生〟に合格通知を届けてくれるのである。

鬼100則 48

「スマート&ゴージャス」にキメておけ

私は今まで数万人のビジネスパーソンと関わり合い、数千人の採用候補者との面接を繰り返し実施してきた。その結果、一部の例外を除き、ほぼ8割以上の人が第一印象どおりの活躍をしてくれた。そしてもちろん、面接の合格率も高かった。やはり人は「見た目」で8割が決まるのだ。

いわずもがな、20代30代と歳を重ねてくれば、それまでの生き様や価値観が見た目に滲《にじ》み出てしまうものである。当然、その人の生活模様も、顔つきやスタイル、物腰、佇まいに顕れる。もはや、ごまかしようがないのだ。

極端な話、ヤンキーはガラの悪い格好をして肩で風を切って歩いているし、オタクは内向的な装いで背中をまるめている。まさに見た目どおりである。

あなたは、**常に見た目で評価されている。どこでどんなチャンスが待っているかわからない**のだから、身にまとう「転職のステージ衣装」は、常にビシッとキメておきたいものだ。

さりとて、外見が先でもなければ、内面が先というわけでもない。双方を強く意識することで、外見も内面も磨かれていくのだ。

ではいったい、**優良企業へのキャリアアップに成功するためには、どのようなイメージで外見を装い、内面を磨けばいいのだろうか。**

目指すキャッチフレーズは、「スマート＆ゴージャス」である。

スマートというと、日本ではあくまでも「細い体型」「スタイルがいい」という容姿を表現する意味に使われることが多く、その人の内面とは無関係である。

しかし、英語圏の場合は、**「頭の回転が速い」とか「抜群に頭が切れる」という意味で使われ、太っている体型の人であっても、「彼はスマートだ」といわれる場合がある**のだ。

同様に、ゴージャスというと、日本では、「豪華絢爛な」とか「きらびやかなお金持ち」という意味で使われるが、英語圏では、「素敵な」とか「カッコいい」という意味になる。

これまた日本語のニュアンスとは違って英語のゴージャスというのは、**人間的な魅力があるかが大切なのであって、お金持ちかどうかは絶対条件ではない**のだ。

だから今は、ブサイクな貧乏人でもかまわない。生き方さえカッコよく変化すれば、見た目も仕事振りも、**スマート＆ゴージャスに進化していく**のである。

鬼100則 49

「意図」を汲んで期待に応えろ

面接官の立場から、**印象だけで不採用にしたくなるタイプ「五か条」**がある。

① 地味で暗くて汚い

これは当然だ。マナー、言葉遣い、表情、態度、清潔感はもちろんのこと、「同僚として一緒に働きたい」と思えるような人材でなければ、面接官はバッサリ切り捨てる。

姿見の前に立ち、自分を客観的に眺め、目の前に映るその人物が〝好印象〟と思えるか、隅々までチェックしてみてほしい。

② 話が回りくどい

錯綜していく趣旨不明の長い話には、面接官もうんざりする。「眠くなる前に帰ってほしい」と思うのが、質問者の本音だ。

くれぐれも、〝簡潔に〟ポイントを伝えてほしい。口頭表現力、コミュニケーション能力、説得力を鍛え上げる努力は、たとえ営業職でなくとも怠らないことである。

③ 要領を得ない回答

頭の回転が悪いのか、打っても響かない人とのやりとりは、面接官の疲れが倍増する。「そこを聞いてるんじゃない」という的を外した回答は、もはや聞き直す気にもなれない。質問の〝意図〟に集中してほしいものだ。

④ ユーモアが通じない

くだけた話で和ませてくれる面接官をスルーしてはならない。たとえそれが笑えない滑った冗談であったとしても、「笑顔」のリアクションをとってほしい。それこそが、ビジネスパーソンの〝感受性〟というものだ。

⑤ 上司の悪口が止まらない

現職での不平不満が実際の転職動機なのだろうし、ある程度は上司批判が飛び出しても大目に見てもらえるに違いない。しかし、調子に乗って悪口がエスカレートすると、「他責」傾向の歪んだ性格であると誤解されても仕方がない。

組織内で最も敬遠されるのが、〝人の悪口〟を触れ回る陰湿なスピーカーである。

以上、面接における〝最低限の心構え〟として伝授しておきたい。**「どうせ自分なんて」とあきらめたり、「自分は大丈夫」と油断せずに、「五か条」を意識してほしい。**

鬼100則 50

「喜怒哀楽」を思いきりリアクションせよ

いい歳をした大人が、会社訪問や面接で、ガチガチに緊張している場合ではない。それではまるで、「私は自分に自信がありません」と、宣言しているようなもの。未熟さを完全に露呈している。まったくもって情けないし、頼りない。ただでさえ自信のないあなたが、**実力以上に自分をよく見せようとするから、アガる**のである。

いかにもこの〝舞台〟は、人生を変えるかもしれない一世一代の転職面接だ。多少の緊張感は無理もないし、顔がこわばるのもやむを得ない。しかし、**あまりにも緊張しすぎる姿は、面接官（観客）をシラけさせる**だけである。

というか、緊張したやりとりの中で、心の通わないコミュニケーションを続けるという、薄っぺらなセレモニーを展開したところで、お互いに無意味な時間の浪費である。

このままでは発展的な関係性は構築できない。いわゆるこれは、面接に限らず、すべての人間関係にもいえることなのだが……。

「面白くも何ともない応募者は落とされる」と覚悟しておくこと。マイナスの印象もないがプラスの印象もない〝普通の子〟が、同じようなリクルートスーツに身を包み、鉄仮面のように無表情で口をパクパクさせているだけでは、第一志望の企業から「合格」を勝ちとることはできない。

能力が同じであるなら、いや、多少能力が劣っていたとしても、人間味あふれる人材を採用したいのが、今の企業だ。もはや、たいていの業務はＡＩがとって代わるようになる。残された業務は、感情豊かな〝人間にしかできない〟仕事だけである。

そもそも相手の面接官だって、一人の人間だ。あなたとの時間を楽しみたい。そして、喜怒哀楽のはっきりした「感情豊かな人間」と共に働きたいと思うのが摂理である。

それなのに、あなたが感情を押し殺し、心の交流を遮断してしまったら、あなたの人間性や特長は伝わらない。されば、表情豊かに喜ぼう。ときには激しい身振り手振りで熱弁しよう。悲しい過去を語る場面は目に涙を浮かべよう。このひとときを心の底から楽しんでいるように、顔をくしゃくしゃにして笑おう。

心を開いて対峙し、**「喜怒哀楽」を思いきり表現することは、サービス精神の表れだ。最大限のリアクションをとり、ヒューマンパフォーマンスを発揮しなければならない。**

鬼100則 51

インプットより「アウトプット」を意識せよ

その昔、私が転職活動をしていた若き頃、大先輩から「スキル（Skill）よりもウィル（Will）」が大事なんだとアドバイスをもらったことがある。「技術や知識よりも、意志や思い」を大切にせよというわけだ。

それ以来、いろいろなステージでそのフレーズを唱え、ずっと心に留めてきた。私の好きな言葉の一つだ。

どれだけ学歴が高く、どれだけの資格を持ち、どれだけ優良企業でキャリアを積んできたのか、それをアピールしたところで、もはや過去の自慢話にすぎない。

それよりも何よりも、あなたに「何ができるのか」その意志を伝えきれなければ、あなたを高く売ることはできない。

といっても、ただ単に、やる気や意気込みを売り込む、という意味の〝ウィル〟とはかなりの隔たりがある。

「部長をやってました」で、ヘッドハンティングしてもらおうだなんて、笑い話である。世の中には、単なる〝管理職〟など、掃いて捨てるほど存在するのだから。

これからの時代、具体的に「何かを生み出す力」が問われている。

どれだけ記憶力が優れた秀才であっても、それを実践に活かすことができなければ、ただのアホンダラである。

最新情報を分析しインプットすることも悪くはないのだが、それよりも、いったんインプットしたデータを、さらに次々と「アウトプット（生み出す）」していくことを意識してほしい。さまざまな手法を使い、常にアウトプット、アウトプット、アウトプットの嵐だ。

その生み出す習慣をつけることで、**「あなたが何者なのか」というデザインができあがっていく**のである。

すなわち、**大量に「インプット」したものを、どれだけ有益かつ実用的に「アウトプット」できるかどうかが、その人の実力**なのだ。転職の際、あなたの売りになるのも、どれだけ成果・実績をアウトプットしてきたか、である。

もっといえば、成果へ向かい**どれだけ「アウトプット（生み出し）」してきたのか、それをどれだけ「アウトプット（発信する）」するのか、それが、面接の場**なのである。

鬼100則 52

具体的な「成功体験」を猛アピールせよ

面接時、採用する側としては、応募者の**過去の行動例をできる限り集め、それらを「将来の行動予測」に関連づけ、評価したい**と思っている。とにかく〝何を成し遂げてきたのか〟という事実を知りたいのである。

第一印象のイメージや先入観で、誤った判断はしたくない。よって、観念的な質問はイミテーションであって、具体的な行動例を引き出す質問が〝核心〟だと心得てほしい。やる気をアピールして「よしよし」と油断していると、思わぬマイナス評価を受けていることもあるから要注意だ。「中身の空っぽな使えない奴」「調子がいいだけの大嘘つきな奴」「数少ない偶然の成功体験にしがみつく痛い奴」というレッテルを貼られてからでは遅すぎるのである。

そのためには、**〝スター誕生〟をキーワードにして、的確な情報伝達を意識しておくといいだろう。「ＳＴＡＲ」の頭文字で覚えてほしい。**採用する側としては、大昔から常識中の常識であり、原則中の大原則であるスター発掘の手法も、採用される側にとっては、初めて聞く人も多いのではないだろうか。ここで知っておいて損はない。

Sは「Situation」（シチュエーション）。どのような状況であったのか。だれが、いつ、どこで、何を、なぜ、という「５Ｗ１Ｈ」を正しくわかりやすく簡潔にまとめること。

Tは「Task」（タスク）。その仕事のミッション、そして目的・役割は何であったのか。責任の所在も含めて、明確に伝えてほしい。

Aは「Action」（アクション）。そのときあなたは、具体的にどのような行動をとったのか。ストーリー性が高ければ高いほど臨場感が出る。

Rは「Result」（リザルト）。あなた自らが生み出した明らかな成果がどれだけのものだったのか。業態を知らない相手にも伝わるような数値化されたデータを示したい。

あくまでも**抽象的な表現は厳禁**である。「～だったと思います」「～したつもりです」というようなあいまいな言葉は避け、「～しました！」「～を取り組みました！」という過去完了形でいいきってほしいものだ。

どれだけの「成功体験」を積んできたのか、それが伝わらなければ、その先の成功もおぼつかないのである。

鬼100則 53

エビデンスとして「数値化された実績」を訴えろ

「私は前向きです」「やる気があります」「頑張ります」という意欲を、面接で全面的にアピールする姿勢、それも悪くない。決して印象は悪くはないのだが、それが高く評価されるとは限らない。

なぜなら、意気込みを主張することは誰でもできるし、それはあって当たり前のことだからだ。まあ、意気込みはないよりはあったほうがいい、というレベルのこと。

うがった見方をすれば、**口先だけの〝ホラ〟と思われてしまえば、それまでのこと**なのだ。受かりたいと必死になっている決意表明や入社後の抱負など、それらをどれだけ聞いたところで、今のところは「絵に描いたぼた餅」「空に浮かぶアップルパイ」である。申し訳ないが、当てにならない。

もちろん、ポジティブで熱意がある人材を採用したいと、面接官は目を皿のようにして観察している。ただ、最重要視している判断材料の〝観点〟がそこではない、というべきだろうか。

そう、**面接官が知りたいのは、「真実」なのだ。**前向きに働く、意欲的に働く、成果に向かって働く、そういう人物なのか、本物なのか、方程式に当てはめて、それを証明してほしいのである。

やる気や熱意というのは、具体的な数値にしにくい。しかし、**「実績というのはごまかしがきかない」**と面接官は思っている。

過去の実績、それも数値化された確かなもの。数年間にわたりコンスタントに高い業績を上げてきた事実があれば、それは何よりのエビデンスになる。営業職であれば、過去数年間の目標達成率やコンテストでの順位など、内勤職であっても、改善点の明確な数値や見える化されたＰＤＣＡの流れなど、具体的であればあるほど伝わりやすくなる。

仮に、つい悪気はなく**「盛った実績」を都合よく誇張して伝えてしまった場合、裏づけや矛盾点を深掘りされれば、金メッキが剥がされることもある。**「どうせ異業種は専門外だろう」と高をくくっていると、墓穴を掘っていることに気づかないものだ。

百戦錬磨の面接官というのは、それほどバカじゃない。だから、背伸びすることなく、よりリアルな実績を、まっすぐにアピールしてほしいものである。

鬼100則 54

鼻持ちならない「自慢話」は控えろ

成功体験や誇れる実績を堂々とアピールするのは大切だが、**自らの努力で勝ち得たものではない〝自慢話〟は、面接官の心証を悪くする。**かえって、鼻持ちならない奴という「感じの悪さ」を与えてしまう。相手も人間だ。「思い上がった勘違い野郎」と同じ釜の飯を食う気にはなれないものだ。

ただ、自慢癖というのは、自信のなさがもたらすやっかいな悪癖なので、当の本人は至って呑気に「自慢のオンパレード」を延々と続けていく。

ゴマすりと運だけで手に入れた役職自慢、たまたま会社の看板ブランドで得ただけの成功自慢、いかに自分は金持ちの家に生まれたのかというおぼっちゃま・お嬢さま系自慢、それらをあたかも「自分の優位性」のように語ってしまうのだ。

面接官はいい大人である。ゲンナリしながらも辛抱して聞いてくれ、「素晴らしいですね」とヨイショしてくれることもあるから、ときに自意識過剰もエスカレートしていく。

自慢話が我慢できない人というのは、著しく自己評価が低く、心の底では自分自身が嫌いだ。その「低い自己評価」を上げなくては、という深層心理の不安や恐怖からコントロールが利かなくなり、鼻持ちならない自慢をしてしまうのだ。軽蔑されている他人のまなざしを羨望のまなざしと思い込む、おめでたい人間なのである。

一方で、**あなたのように自分を尊敬している人は、普段から、自慢する習慣がない。他人からの称賛など期待せず、本物の自信を持っている**ので、他人のサクセスストーリーにも喜んで耳を傾けることができる。

しかし、〝ナルシスト君〟は、他人の成功を参考にしようという発想は爪のアカほどもなく、対抗心から自慢話をかぶせてしまう。どれだけその〝負けず嫌い〟が疎まれているのか、いい加減、目の前の人の苦笑いに気づいてほしい。

転職を機に、もうこれからは虚栄心を満たす自慢を改め、ここは念のため、なお一層「謙虚に」自制しなければならない。

むしろ反対に、**欠点や短所を分析し、課題克服のためにどのような努力をしているのか、その行動を〝自慢〟するべき**なのだ。

優良企業というのは、そんな「謙虚なイノベーター」を求めているのである。

鬼100則 55

使い慣れない「尊敬語」は口にするな

面接にやってくる若手ビジネスパーソンの言葉の使い方には、面接官としてイライラを隠せない。

まず、自分のことを「ボク」というタイプは少なくない。もう立派な社会人であるのだから、やはり「わたし」または「わたくし」といってほしい。

それからよくありがちなのが、身内のことを「おかあさん」「おじいちゃん」という僕ちゃん・お嬢ちゃんだ。私はそれを聞いた瞬間、「はい、さようなら」と思う。「母」「祖父」という言い方を知らないわけではないと思うのだが……。追い討ちをかけるように、「おかあさんが、おっしゃっていました」には、もはや呆れて笑いも出ない。

「今の若者は日本語の使い方が、まるでわかっていない」と愚痴るつもりはさらさらないのだが、あまりにも常識からかけ離れた**へんてこな敬語を使うビジネスパーソンは、まともな企業からは相手にされない**と思ってほしい。

せめて、尊敬語と謙譲語の使い分けや、二重敬語になっていないかどうか、それくらいは、意識的にマスターしておくべきだ。

たとえば、「ご覧になられますか？」は、二重敬語だ。**「ご覧になりますか？」が正しい。**

「お伺いします」は、「行く」の謙譲語である「伺う」に「お」をつけているが、**スマートに「伺います」だけでいい。**

「拝見させていただいております」といったように、二重どころか、三重にへりくだったバカ丁寧な表現など、そのしつこい不自然さは聞くに堪えない。**シンプルに「拝見しました」で十分である。**

というように、間違った表現を例に挙げるとキリがないが、未熟で社会人経験の浅い若手ビジネスパーソンを責めたところで、早急な改善には限界があるというものだ。

しかし、面接官から「常識や教養がない」と思われてしまうことは、大きなマイナス要素でしかないだろう。

であるなら、**使い慣れない尊敬語や謙譲語は口にしないこと。最低限の丁寧語「ですます調」で、ストレートに話せばいい。**

そんな若者のほうが、好感を持たれる。と同時に、バカもカバーできる。

鬼100則 56

本命ひと筋に絞って「二股」をかけるな

面接官を務めていると、ときどき、応募者の「並行して、他社も受けています」という正直なコメントを聞くことがある。それが一般的には、当たり前のことなのかもしれない。必ずしも第一志望の企業から内定をもらえるとは限らないのだから、滑り止めも必要だろう。それはそれでかまわない。

ただはたして、あなたの将来は、**本当に「滑り止めの人生」でいいのだろうか**、その大事なところを問いたい。

よくよく考えると不思議なことだ。**「妥協した転職」をするくらいなら、現職に留まったほうがまし**ではないのか。なぜ、「それほど行きたくない会社」の面接を〝とりあえず〟受けようとするのか、私には理解不能である。

もうすでに現職を辞める時期が決まっている人や離職中の人であっても、いくら内定が出たからといって、志望度の低い企業へそそくさと「嫁入り」するのだろうか。そんな軽い気持ちで入社したところで、また辞めたくなるだけなのではないだろうか。

だったら、転職活動のはじめから終わりまで、「本命一本」に絞ったほうがいい。**第二志望以下の企業は、面接に進む前に、すべて断りを入れた上で、本命の面接に臨んでほしい。**

もし、他社と並行して面接を受けておいて、内定が出た後にゆっくり考えるだなんて、そんな**中途半端な覚悟の候補者が面接に現れたら、私の場合、断り捨て御免である。**百歩譲って他社が滑り止めならよしとしても、〝二股、三股〟の「まだ迷っています」とか「どっちにするか考え中」なんていう無礼者は、「転職をなめてるのか！」と叫びたくなる。

だから私は、面接中にそのあたりの決意を徹底追及することにしている。体裁上、「御社ひと筋です」と嘘をつかれたとしても、ほとんどお見通しなのだが、念のため、油断させたり、矛盾を突いたりと、疑惑が晴れるまで真相を暴いていく。

あなたが本命に受かりたいと思うならば、決意を固めた上で、最終面接に臨まなければならない。そういう一本筋の通った〝信じられる〟人材を企業は求めているのである。

だいたいが、**〝二股〟をかけられているのを知っていながら、「どうぞ、どうぞ」という、節操のない企業はどうかしている**と思う。

そういうプライドのない企業を選ぶほうも選ぶほうだ。これまたどうかしている。

「逆質問力」を発揮してハートを撃ち抜け

面接の最後に、「何か質問はございますか?」と、面接官の私から確認することがある。すると、採用候補者からの**最も多い回答というのが「特にありません」**である。その意味を噛み砕くと、「すでに散々話を聞き尽くして、十分に御社のことは理解しているし、その上でこの面接に臨んでいるのだから、もはや質問などない」ということらしい……。

たしかに、ここに至るまでに、さまざまな検討を重ねて決断したのだろうから、この期に及んでさらなる質問を絞り出す必要はないのかもしれない。

しかし、面接官は単に、**「あなたの疑問」を晴らしてあげるためだけに聞いているのではない、という意図を察しておく**べきである。

質問しない相手に対して、面接官の私はそこに、底の浅い軽薄さ、組織に対する無関心さ、業界への研究心の薄さ、新しい仕事に臨む熱意の低さ、面接官の期待を裏切る感受性のなさなどが垣間見え、**一気に評価を下げたくなる瞬間**でもある。

それこそ、どうしても入社したい会社であって、本当に好きで好きでたまらない組織であるなら、**質問は永遠に尽きないはずである。**貪欲にあれもこれも知りたくならなければおかしいではないか。それが普通である。**企業側もそんな情熱的な人材を採りたい**のだ。

一方で、福利厚生面の確認やホームページに記載されているような低レベルな質問が飛び出してくることもある。何かしら質問しなければいけないと焦って、つい口に出してしまうのかもしれない。そういう意味では、「質問すること」を意識している分だけ、何も質問しない人よりは〝まし〟であるともいえる。

どちらにせよ、質問を舐めてかかってはいけない。「質問のための質問」だと面接官に感じさせてしまったらマイナスだ。この場面は、面接のクライマックスシーンである。面接官を唸らせる気の利いた質問の二つや三つは、用意周到に考えておかなければならない。

最もさすがだなと思える質問は、面接中のやりとりから「新たに導き出された疑問」である。そこに、**あなたの踏み込んだ意見が添えられていたなら評価はググッと上がる。**

これこそが、コミュニケーション力の真髄だ。

ありきたりの定番な質問では、情熱はアピールできない。**あなたの〝逆質問力〟を大いに発揮して、面接官のハートを撃ち抜こうではないか！**

鬼100則 58

「やさしい面接官」は疑ってかかれ

私は常に〝厳しい面接官〟を演じるように心がけている。なぜなら、それが応募してくれた採用候補者に対する「礼儀」だと思っているからだ。

最終面接では、一人ひとりじっくりと1時間半〜2時間かけ、100以上の質問を繰り出していく。これでもかこれでもかと、**根掘り葉掘り深掘りしていく**のだ。

すると、たいていの候補者は、汗ぐっしょりでへとへとに疲れ果て、「こんな面接、初めて受けた」「厳しい面接でボロが出た」「たぶん落ちたと思う」と、反省のコメントを呟きながら、帰途につくらしい。そのような感想をもれ聞くたび、私は**「今回の面接は成功したな」とほくそ笑む**のである。

だからといって私は、候補者へ負荷をかけて圧迫面接を楽しむようなサディスティックな男では、決してない。逆に、それはもう精一杯の思いやりであり、最低限の礼儀礼節であることはもちろん、何よりの意思伝達であると信じている。

推して知るべし。あなたが面接を受ける立場の候補者であれば、わかるのではないだろうか。小手先の生ぬるい面接、短時間ですぐ終わってしまう面接、世間話に毛が生えた程度の面接、というような**緩い選考だったとしたら、おそらく、「こんな面接で、私の何がわかったというのか」と、不信感が募る**に違いない。

実際もその通り、それではまともな人物評価などできるわけもない。だから、形ばかりのセレモニー面接でよしとする**〝やさしい面接官〟は疑ってかかったほうがいい。人の本質に興味のない、ただの人集めをしているような企業に明日はない**のだから。

なかには、書類だけですぐに合格させてしまう、もっとゆるゆるな企業もある。そんな合格を単純に喜ぶようなあなたじゃないことはわかっているが、くれぐれも伝えておく。

悪いことはいわない、そんな企業のエントリーはとり下げることだ。内定が出たとしても辞退したほうがいいだろう。

むしろ、企業側が面接へ注ぐエネルギーの度合いを、逆に応募者サイドであるあなたのほうがジャッジし、選定するための必須条件にしてほしい。

結果、**厳しい面接を受けて落ちたのなら納得もいくし、合格できた場合もまた、信頼できる。**新天地へ飛び込んでいい「確信」と「勇気」も得られるというものである。

鬼100則 59

「有給休暇」をとって堂々と活動せよ

負い目を感じてこそこそと転職活動をするのはやめてほしい。**あなたの人生だ。何も後ろめたいことはない。職業選択の自由があるのだから、法律だってあなたの味方である。**それなのに、なぜ、秘密裏に行動するのか。

いかにも、現職の上司や仲間たちにバレてしまったら動きづらい。邪魔も入るだろうし、引き留めもあるだろう。転職に失敗すれば、現職に留まるという選択肢もあるわけだから、余計な噂はマイナスでしかない。

したがって、隠密行動は常識となる。もちろん、周囲にペラペラと吹聴するのはご法度としても、罪悪感を持ちながら転職活動するのはいかがなものか。

命運をかけた人生の転機だ。威風堂々と次のステージへ向かってほしいのだが、「転職＝裏切り」という暗いイメージ、これが現代日本の悪しき文化である。本来は、これに違和感を持たないほうがおかしい。それはそうだ。大きく羽ばたく前の不死鳥が、こそ泥のように路地裏で顔を隠しているようでは、未来の展望が開けるはずもない。

あなたがなぜ、こそこそと活動するのかといえば、現職の仕事中にサボって転職サイトを見たり、履歴書を書いたり、会社訪問をしたり、という罪悪感があるからだろう。

何事においても、**罪悪感を持つのはよくない。あなたの良心が傷つく。**せっかく転職へと盛り上がってきたモチベーションも下がって当然だ。よって、あなたの心は揺れ動く。転職するべきか否か。そして迷う。だから転職にも仕事にも身が入らない。そうして、ますます仕事へのパフォーマンスが落ち、あなたは自己嫌悪に陥るのである。

だったらエネルギーを奪われないよう、まず**「有給休暇」を取得した上で、活動したほうがいい。**その時間はあなただけのものだ。何をしたって文句はいわれないのだから、心が晴れる。上を向いて歩けるではないか。バレたところで「それが何か？」である。

えっ？　有給休暇がとりづらい職場だって？　そもそもそんなブラックな会社、早く辞めるべきだ。とはいえ、そのような休みづらい境遇のあなたであっても、大切な友人の結婚式や身内に不幸があれば休暇をとるのではないだろうか。

ある意味、転職活動とは冠婚葬祭と同じく、人生の一大イベントだ。ごくごく当たり前のように「大切な私事として」、休暇をとるべきである。

鬼100則 60

「転職の巨人」となって進撃せよ

いざ転職活動をはじめたものの、何社か不採用の通知をもらったりすると、なんとなく自分自身を頼りなく感じ、「また、落とされるんじゃないか」「どうせ私なんか……」と自信喪失状態になり、思うような実力をアピールできない焦燥にかられることがある。

それほど弱気になったときには、次のようなイメージトレーニングを繰り返してから、面接へ向かうといい。

訪問先の大きなオフィスビルへ入る前に正面で立ち止まり、目を閉じて想像を働かせてほしい。あなたは大きくなる。どんどんどんどん巨人のように大きくなる。そうそう、はてしなく巨大化していくのだ。

そうして**「進撃の巨人」のように大きくなって、訪問先の大きなオフィスビルを上から見下ろす。その姿を本気で心の大スクリーンへ映し出す**のである。

すると、どうだろう。会社組織なんてちっとも大きくない、恐い存在なんかじゃないと、大きな気持ちになってくる。これがまた不思議なほどに、**度胸がつくし、リラックスできる効果も絶大**である。

私は常に、誰よりも大きい存在なんだと思い込み、「進撃の巨人」を意識しながら、迎合せずに生きてきた。ビジネスシーンの主役はいつも自分であり、気持ちよく態度の「デカい男」を演じてきたのだ。そう、はじめはフェイクでもいいのである。

だからたとえ、**大きな成果を出せていない凡庸なあなたであったとしても、あなた自身の人生ドラマにおいては、いつも主役**だろう。

誰が何といおうと、あなたは主役なのだ。

ときとして、ドラマの主役には失敗や挫折がつきものだが、サプライズやハプニングがなければ盛り上がらない。

主役だからこそ、失敗を教訓にして謙虚に学び続け、七転び八起きで最後まであきらめず、絶体絶命の逆境をも乗り越えることができるのだ。

最終回では、いつものように一発逆転の大どんでん返しもあるし、正義は必ず勝つのだから、大いに希望を持とうではないか。

さーて、準備ＯＫだろうか。**いよいよ進撃開始だ。「転職の巨人」となって突き進め！**

第4章

Organizes
～鬼捨離～

持たなくてもいい重い荷物を
誰に頼まれもしないのに
一生懸命ぶらさげていないか。

中村天風

わたしの夢は　永遠の失業である。

戦場カメラマン　ロバート・キャパ

鬼100則 61

本当に必要とされているのか「自己欺瞞」を捨てろ

かつて私も、ヘッドハンティングを主とした採用担当者として、数えきれないほどの候補者と関わってきた。その中で、内定辞退の申し出理由トップ1は、「今の会社でやり残したことがある」であった。

不思議なことに、そこに至るまでの面談では、やりがいのなさを嘆き悲しみ、現職への不平不満、文句だらけであったその候補者が、である。最後のセリフは毎度お決まりのこのパターンであるため、「またそうきたか」という失望の連続であった。

でも本当にその理由であるなら、私と関わったことで、その人が新たな使命に気づくことができたのだから、よくできた〝無料コーチング〟の結末であったと納得もできる。

ただおそらく9割以上の人は、**「迷った挙げ句、ただ現状維持を選択した」という程度の理由であって、「やり残したことがある」などというほど、カッコいい事情ではない。**

一時的に「ルーティン」へ逃げ込んだだけで、結局、生半可な〝再起〟は砕け散っていくようだ。なぜなら、彼らはまたふらふらと転職活動をはじめるのだが、再び現職へ戻っていくからである。そうして**「決めないこと」を決めていく人生は死ぬまで続いていく。**

現在の職場からは、必要とされていると思いたいだろうし、そう自分にいい聞かせたい気持ちもよくわかる。実際、本当にそうやって〝自惚れている〟人もいるのかもしれない。

あなたは意地でも認めたくないかもしれないが、**いざとなれば、会社というのは大きな組織だ、あなた一人がいなくなろうとも、何事もなかったかのように回っていく。**

まあたしかに、あなたしかできない仕事もあれば、あなた中心のプロジェクトもあるだろう。あなたを気に入っている顧客もたくさんいるはずだ。あなたがいなくなれば、あなたを慕っている仲間たちのモチベーションだって下がるかもしれない。

それらを考えると、転職マインドがブレるのも無理はない。もう少し会社に貢献しよう、時期を見て検討しようなどと、**つまらぬ正当化をはじめたくもなる。**そうして、決断を先延ばしにしたいあなたは、せっかく得た内定を辞退するのである。

だが、はたして、その選択は正しいのだろうか。そこに〝真実〟はあるのだろうか。

もう答えは出ているはずだ。そう、「自己欺瞞」を捨てることである。

これこそが、鬼の断捨離だ。通称〝鬼捨離〟と呼ぶ。

「過去の遺物」を捨てまくり悪魔を追い払え

さあ、いざ転職だ。いよいよ転職先も決まった。夢の新天地が待っている。

にもかかわらず、顔色の冴えない輩がいる。いったい、なぜなのか。

マリッジブルーだとか、メンタルブロックだとか、カタカナにすると聞こえはいいが、要は、図体《ずうたい》の大きないい大人がビビッているのだ。

それは、未開の領域に対する不安というより、どうやら、捨てるのが恐いらしい。**「過去という名の現状維持」を捨てられない**というわけだ。

たとえば、いつまでもフラれた過去の恋人の写真をスマホに保存したまま捨てられない。二度と読まない昔のマンガ本を本棚に並べたまま捨てられない。二度と着ないであろう古びたスーツをクローゼットに吊るしたまま捨てられない。それらの行為と大差ない。

まあ何とも、女々しいではないか。**断捨離が苦手にもほどがある。このまま放置しておいたら、「人生ゴミ屋敷」ではないか。**

あなたはこれまで、現在の職場で必死に働いてきた。そしてやっとその努力が実を結び、ある一定の評価を手に入れることができた。それは本当に素晴らしい。心から「おめでとう」といわせてもらおう。

ただ、**それはもはや〝過去〟である。いい加減その話はおしまいにしようじゃないか。**もういいだろう。まさに今、その経験を〝踏み台〟にして、次のステージへとホップ・ステップするのだ。これからジャンプアップする大チャンスがやってくるのである。

ところが、だ。あなたに限らず、多くのビジネスパーソンは、〝いざ〟となると、「過去の遺物」を手離せなくなるもの。うたかたの成功ステージにしがみついたまま、見苦しいまでに生ぬるいタスクを甘受したくなるのだ。たしかに、「手慣れた仕事に甘んじたい」というその安定志向、理解できなくもない。

しかし、ビジネスの世界は諸行無常である。平穏な日常が永遠に続くことなどあり得ない。**現状のキャリアを維持しようと守りに入れば入るほど、退屈という悪魔が微笑む。**悪魔を追い払うためには、心の中の表彰盾を木っ端微塵に粉砕し、必死になってしがみついている過去の栄光と訣別するしかないのだ。

いざ、一歩前へ。思いきり、**〝転職のドア〟を開け放とうではないか。**

鬼100則 63

わがままに「断捨離」しろ

辞めるべきか、それとも、残るべきか。夜も眠れないほどに、迷いに迷うことがある。それはそう。現職には愛着もあれば未練もある。いったん辞めてしまったら、容易に後戻りはできないし、絶対に後悔はしたくない。優柔不断にもなろうというものだ。

こんなとき、ズバッと正しい決断ができたら、どれだけ楽だろうか。

もう失敗はしたくない。いや、もはや失敗できないのだ。

では、どうやって「正解」を選択し、その決断を下せばいいのだろうか。

答えは、実にシンプルである。そう、瞬間的な〝直観〟に従えばいい。ああでもない、こうでもないという**「論理的思考」はひとまず脇に押しやり〝直観〟で断捨離してほしい。**

「そんな乱暴な！」という声が聞こえてきそうだが、〝勘〟違いしてはいけない。「ヤマ感」だけで判断する直感では、決してない。**〝観る〟とは、真実を直視すること。**リアリズムと直面することだ。目の前にある本当の事実だけを、観察してほしいのである。

だが、いつもあなたは、〝我慢〟や〝自己犠牲〟を都合よく正当化し、事実を捻じ曲げてしまうため、結局、誤った判断をしてしまいがちだ。「家族に心配をかけたくないから」「お世話になった上司を裏切れないから」「世間体が悪いから」というように、**主体性のない判断で現職に残留することは、自分自身のためにならない。**

自己犠牲の精神とは、正義の鎧ではないのだ。

それとは正反対に、屁理屈や偽善を挟まない〝直観〟で決めた「正直な断捨離」なら間違いはない。いったい「転職したいのか、したくないのか」である。

もしも、あなたの〝直観〟が冴えないというのならば、それは、あなたが〝偽善者〟であるからだ。「偽者のあなた」というのは、周囲の人々からどう思われているのかばかりを気にして、偽りの正義感を装うあなた自身のことである。

その**〝偽善者〟の陰に隠れている「本物のあなた」は、自分の適性に合った仕事が観えていない**ために〝直観〟が鈍り、間違った転職情報やダーティーな人事担当者にだまされるはめになるのだ。

これからはもう、すでに正解を知っている「本物のあなた」に答えを聞いてみることだ。

いい意味でわがままな自分らしく、〝独断〟を貫いてほしいものである。

鬼100則 64

つまらない「肩書き」にしがみつくな

入社して何年か経つと、役職に差がついてきて、明らかに優秀ではない同期社員のほうが先に出世する、なんてこともあり得る。残念ながら、必ずしも正しい実績や能力が公平に評価されるとは限らないのが組織というものだ。すると次第に、出世競争に後れをとった悔しさと鬱々たる葛藤により、転職への「動機」が刺激されていくらしい。

そんなとき、役職を餌にヘッドハンティングされ、喜び勇んで転職したとしても、「役職＝高待遇」とは限らないので、落ち着いた判断が必要だ。

だいたいが、**名刺上の肩書きなど、組織によってそれぞれ役職の〝重み〟が違う。**入社3年足らずでマネージャーに昇格してしまう成果主義の組織もあれば、10年頑張っても主任にすらなれない年功序列の組織もある。事業部長より支店長のほうが偉い組織もあれば、支店長より課長のほうが偉い会社もある。

だから、転職するときに、「肩書き」なんか重要視したところで意味がないのだ。

あなたの出世欲を否定するつもりはないし、対外的に見栄を張りたい気持ちもわかるが、**「肩書きの世界」に囚われて働いていること自体、もはや〝本当の出世〟は見込めない。**

そもそも、少しくらい出世が遅れたからといって、そのたびに落ち込んで「転職」を考えていたら、サラリーマンなどやっていられない。そういう人は、すぐに起業すべきなのだろうが、どうやら一足飛びに「社長」を名乗るのは恐いらしい。

本来、肩書きよりも大切にすべきなのは、魅力ある〝志事〟の中身だ。

ビジネス上の目的を実現するために必要な〝権限〟であるなら、肩書きはなければならないが、あなたの虚栄心を満たすためだけに、そのポジションを求めたところで、たいした成果はあげられない。

転職するにあたり、「あなたは弊社で、いったい何ができますか?」と、面接官から問われたとき、一番恥ずかしいのは、「部長ができます」「管理職が得意です」という〝終わった人〟である。さりとて、現職での肩書きが、転職のテーブルにおいて多少は有利に働くこともあるだろう。だがやがて、その〝本性〟は見抜かれてしまう。

お飾りの「なんちゃってポジション」に固執しないこと。偽者ブランドを捨てること。

その生き方を貫けば、やがて**大きな〝勲章〟が手に入る**はずである。

専門分野に偏った「過去の人」になるな

時代は刻一刻と流れている。未来に向かい、あなたはどのようにして、「転職に有利な専門性」を高めていけばいいのだろうか。

これまで涙なくしては語れない血の滲《にじ》むような努力を積み重ねてきたあなたに対し、大変いいにくいことではあるが、重大なる現実を知っておいてほしい。

商品や技術がときの流れと共に陳腐化し、すっかり時代遅れになっていくのと同様に、あなたの「実力」も使いものにならなくなる、という現実をだ。

あなたがどれだけその分野で活躍し、卓越したスペシャリストであったとしても、その武器が一生あなたを守ってくれる保証はない。

今の時点では、まだ「将来消える職業リスト」に入っていなかったとしても、いずれそう遠くない未来において、**あなたの能力を活かす仕事が〝消えている〟**可能性だってあるかもしれない。

だから、あまり一つの武器に頼りすぎないほうが賢明だ。

専門性を磨くのもいいが、あまり固執せずに、臨機応変に武器をアップデートするか、頑なに偏りすぎないよう、切り捨ててしまう決断もありだろう。絶頂期にある今だからこそ、思いきるべきだ。

ただの「古い人」は、どこの企業からも相手にされなくなる。

とはいえ、一つの場所（会社）に留まっていると、カビが生えている感覚にピンとこないのも無理はない。そのまま放置されれば、カビは繁殖していくだろう。

安定の中でずっと埋もれていると、世の中から置き去りになっている自分に気づかないまま、〝過去の人〟になっている場合があるのだ。

そこで最もいいきっかけとなるのが、転職である。

転職によって、あなたのお得意の武器がマイナーチェンジされ、どんどん磨かれていくこともあるだろう。転職によって、新たな武器を手に入れることもあるだろう。転職によって、まったく新しい発想が生まれることもあるだろう。

さあ、時代を飛び出せ！

未来に向かって、「自分革命」を起こすのだ。

鬼100則 66

「不幸のアドバイザー」に相談するな

「人生のステージを上げたい」と、意を決して転職を試みようとするとき、必ず〝邪魔が入る〟と覚悟しておいたほうがいいだろう。

そのお邪魔虫は、いかにも親切そうに「やめておいたほうがいいよ」とアドバイスしてくれる。もちろん、何の悪気もなく、転職のリスクを懇々《こんこん》と語ってくれるのである。

しかし彼らの多くは、**現状維持へ引き戻そうとしてあなたの足を引っ張る「不幸のアドバイザー」であるから、くれぐれも気をつけてほしい。**

「不幸のアドバイザー」は、人生のいたるところに出没する。たとえば、あなたが禁煙を思い立ったとしよう。すると「どうせ続かないんだから止めておけよ」「余計にストレスがたまって太るぞ」「オレたち仲間を裏切るのか」と、懸命に引き留めてくれる。

だがもし、禁煙に成功したとしたら、人生は確実に変わる。まずは、健康が手に入る。喫煙場所を探してウロウロする無駄な時間を浪費せずに済む。バカにならないタバコ代も節約できる。何より嫌煙家から白い目で見られ、肩身の狭い思いをしなくて済む。

転職という人生のターニングポイントにおいては、なおさらだ。現状維持中毒はニコチン中毒よりもたちが悪い。断固として、あなたを邪魔する「不幸のアドバイザー」の言葉に耳を傾けないこと。彼らの横やりに関わっている限り、成功は遠ざかるばかりだ。キャリアアップなど夢のまた夢である。

その中でも**絶対に相談してはいけない「不幸のアドバイザー」の筆頭は〝両親〟だ。**子どもの進む茨の道に対し、常に反対するのが親の役目。それは幼少の頃から「危ないわよ」「ここでおとなしくしてなさい」「やめておきなさい」と、可愛いからこその過保護である。

親の願いは、子どもの成功ではない。困難にチャレンジした先に得られる子どもの成長でもない。ただ、温室でヌクヌクと育ってほしいだけだ。それが「親の愛」なのである。

またはある種の〝やきもち〟でもある。そう、独り立ちが寂しいのだ。歳を重ねて社会人になっても子どものまま「親の反対を受け入れてくれること」、それが親の切なる願いなのだから、いちいち親のいうことを聞いていたら転職などできやしない。

だからどうか、**両親へは、１００％事後報告にすること。**というか、いい歳をして親の反対に遭い、まごまごしているようでは、この先が思いやられるというものである。

「家族」を転職先へ連れていき安心させろ

家族の反対で「転職を断念」する、そんな〝成功予備軍〟が多いことは、周知の事実だ。やはりどうしても、家族は安定を望む。

家族はあなたの現職での苦労など知る由もない。実情なんて何もわかっていないのに、あなたが今の職場を逃げ出したいだけなのではと、堪え性のなさを疑っている。いざ転職をしたのはいいものの、またその会社も辞めて、職場を転々とするはめになってしまうのではないかと、不安と心配ばかりが先に立つのだ。

家族の〝過保護な愛情〟もわからないではないが、誤解が疑心暗鬼を生み、あなたのチャンスが阻まれてばかりなのでは、この先の人生も浮かばれないではないか。

そこまでも転職先が心配だというなら、家族のその目で見てもらったらいい。もしも許されることなら、奥様やご主人、お子様やご両親、はたまた婚約者を、内定をもらった転職先オフィスへ連れ出してほしい。そう、**いわゆる職場見学会だ。そして、転職先の上司**

に頼みこみ、「ファミリー・セッション」を実施してもらうのだ。

そこまでしてくれる企業などあるものか、というあなたの心の叫びが聞こえてきそうだが、何を隠そう、私はずっとそのセッションを実施してきた。かつては、営業所長として、支社長として、また、現在の組織においては、全国の支社において実施するよう、本部から徹底指導しているほどである。

一般企業においては特例扱いとなるのかもしれないが、内定者であるあなたの強い要望であるなら、実施してくれる企業担当者も多いに違いない。あなたが面接前に受けた内容と同じレクチャーを体験してもらえれば、家族の理解も深まるのではないだろうか。

何よりも、**あなたの上司になる人と面会することができれば、家族も安心する**はずだ。ついさっきまで反対していた家族が、**途端に転職先企業のファンになり、あなたの大応援団となってしまうこともある**のだから、「ファミリー・セッション」の効果は絶大だ。

たとえば、次のようなメッセージを奥様へ伝えてもらえたら最高だろう。

「なぜ、ご主人は転職を選択されたのだと思いますか？　それはすべて、愛する家族のため。そのために勇気ある決断をしたのです」この言葉に心を動かされ、涙する家族もいるだろう。実際に「そんな家族をたくさん見てきた」この私がいうのだから間違いない。

鬼100則 68

内定後は真っ先に「退職までの目標」を設定せよ

内定が出てから真っ先に取り組んでほしいことがある。それは、**退職日までの行動計画と目標設定**だ。内定通知に「○月1日付入社にて内定」と記載されているとすれば、原則として入社月を先に延ばすことはできないだろう。

ところがどっこい、現職の〝卒業試験〟は、あなたが思っているほど、たやすくない。高く請われた立場で転職するのであれば、入社日を先に延ばす要望も相談可なのかもしれない。ただ、たとえそうであったとしても、一度は入社日という「目標月日」を設定しておきながら、「やっぱり、期日までに辞められません」とはいってほしくない。

常に期限に迫られたビジネスの世界で生きている者として、それは情けない話だ。**入社前から「目標未達成」では先が思いやられる。**

私だったら、そのような内定者はお断りである。入社日を先に延ばすぐらいなら、即「内定取り消し」の手続きへと進めていく。グダグダした優柔不断なボクちゃんと関わり合うだけ時間の無駄というもの。私は内定者に対し、次のように伝えることにしている。

「あなたがはじめに取り組むミッションとは、残務を整理して、一日も早く今の会社を退職すること。長い時間をかけて目的を達成することは誰にでもできる。**仕事のできる人であればあるほど、短い期間でその目標をやり遂げる。**普通の人が3か月かかる仕事を1か月で仕上げる戦術と実行力を持っている優秀な人と、私は共に働きたい」と。

気の迷いをふっきるためにも、**退職日（ゴール）から逆算した計画を立てるべきだ。**業務の引き継ぎなどを考慮した上、最短期間で目標を完遂しなければならない。

そういえば以前、私が支社長を務めていたとき、こんな内定者がいた。

10月入社予定を翌年の1月に延ばしてほしいと頭を下げるのである。理由は「12月まで現職に在籍すると、10年勤続により退職金が倍になるし、年末のボーナスももらえるから」であった。事情は痛いほどよくわかった。数百万円の違いは大きいだろう。

しかし、私は告げた。「だったらあなたはいらない。別の会社に行ってくれ」と。

その結果、彼はどうしたのか。期待通り、潔く目先の数百万円を捨て去り、私のもとに飛び込んできたのだ。彼はその後、生保営業のステータスである**ＭＤＲＴとなり、今もなお大活躍している。人生の総獲得収入が何十倍に増えたことはいうまでもない。**

鬼100則 69

内定が出たら即「アクション」を起こせ

転職プロセスの最終ゴールは、内定を勝ちとることではない。むしろ、その内定の段階から「本当の転職活動」がスタートするのだ。

といってもそれは、転職先からの「内定取り消し」に注意しろといっているわけではない。企業側のスタンスは、一般常識的に「内定＝入社決定」である。経営破たんでもしない限り、めったなことで取り消されることはないから、心配する必要などない。

そう、企業はあなたを裏切らない。しかしときに、**あなた自身があなたを裏切ることがある。**一度決めたはずの覚悟が……、ブレないはずの信念が……、惚れ抜いたはずの一途な思いが……、いざとなると、よれよれによれるのだ。

あなたが優秀な人材であればあるほど、現職の上司や同僚から猛烈な引き留めに遭う。さらには、家族や友人からも「転職反対」のシュプレヒコールが沸き上がる。

となれば、**情にもろいあなたの決断が、日々ゆらゆらと揺れ動くことになるのは必然。**

その葛藤は入社をするその日がやってくるまで、ずっと続いていく。後ろ髪は引かれっぱなしだ。現状維持症候群というサイドブレーキ、マリッジブルーという迷宮、過去のしがらみという呪縛、それらはあなたが思っている以上に、厄介で七面倒くさい。

よって、内定が出たら、すぐに動き出さなければならない。まずは潔くキックオフを決めることだ。**何月何日の何時に、どこで、誰に、退職願を手渡し、辞意の表明をするのか、それをはっきりと決めてほしい。**

申し出る相手も、あなたの所属する組織のルールによって違うはず。それは、直属の上司なのか、人事部長なのか、社長なのか。複数名が相手なのか。**交渉するターゲットを明確にする**ところから退職への第一歩がはじまる。

あなたにとっては、初めての転職だ。あってもせいぜい2度目か3度目だろう。あなたは退職のアクションに慣れていない「初心者」なのだ。

にもかかわらず、**退職の申し出を甘く見ていると痛い目に遭う。想像以上に、過酷でストレスフルなネゴシエーションだ。**

だからこそ、前後不覚な行動によって迷走することのなきよう、退職までの道筋を整える〝用意周到さ〟が必須なのである。

鬼100則 70

中途半端な相談ではなくいきなり「意思決定」を伝えろ

くどいようだが、念には念を入れ、釘を刺しておく。いくら普段の仕事ぶりは計画的かつ行動的なあなたであっても、いざ退職を申し出るとなると、「上司の機嫌がよさそうなときに」「取り組んでいるプロジェクトが落ち着いたら」「繁忙期がすぎる翌月以降にでも」などの弱気な〝言い訳〟によって、ぐずぐずと先延ばしにしてしまう。勇気が足りない大縄跳びが苦手な子どものように、退職を申し出るタイミングを逸してしまうのだ。

このぐずぐずパターンは、やっかいである。内定が出てから退職を申し出るまでの時間が経てば経つほど、あなたの**弱い心に棲みつく別人格の〝背後霊〟が「転職はやめておけ」「恐いぞ、恐いぞ」とささやき出す。**そして、その声は日に日に大きくなっていくのだ。

あなたは混乱する。もうどうしていいかわからなくなる。迷って迷って、やがて転職パワーを使い果たしたあなたは、目の前の「石橋を渡る」ことさえできなくなる。

だから決して、行き当たりばったりの成り行きに任せて申し出たり、冗談交じりにジャブを打ち様子を見る、というような中途半端な申し出はやめてほしい。

具体的にどのような〝設定の場〟で退職願を叩きつけるのか、事前に準備したシナリオのきり出しの一文を丸暗記し、繰り返し練習しておくことをお勧めする。

なぜなら、申し出る場面においては、上司のほうが一枚も二枚も上手だからだ。あなたは初めてのことかもしれないが、上司の立場からすれば、過去に何度も経験してきた修羅場。敵は、戦い方を熟知した百戦錬磨のモンスターなのである。

そんな熟練のプロと超初心者の対決。へたにぶつかれば玉砕するのは目に見えている。

結局、会社側に慰留され、退職の申し出はうやむやに葬られてしまいかねない。

だから**絶対に、入念な準備を怠ってはならない。**上司へのアプローチは、「実は折り入って話がありまして、本日、30分だけ時間をいただけますか？」と強い口調で申し出ること。

そしてその際には、**会議室や応接室など、話に集中できる場所を設定**し、間違っても居酒屋などで酒を飲みながら話してはいけない。酔って話が長引けば長引くほど、上司からの引き留めはエスカレートしていくからだ。

断固とした姿勢を貫き、「**相談**」**ではなく**「**意思決定**」**を伝達する**こと。それさえできたら、怯《ひる》んだモンスターは退散し、〝ビクトリーロード〟が切り開かれていくに違いない。

鬼100則 71

必ず「退職願」は3通書け

生まれて初めての転職だ。「退職願」を書くことさえ、あなたは慣れていないのではないだろうか。退職を申し出るだけでもストレスがかかるところで、忙しい業務の合間を縫い、「退職願」を作成するという行為は、極めて億劫に感じることであろう。

とはいえ、退職願を書かずとも辞められるルールの会社も多いため、口頭だけで申し出ようとしがちである。やはり、面倒なことは省きたいのが人間だ。

ところが、口頭だけで退職を申し出た場合、「単なる相談」という受け止め方をされてしまい、申し出た「日付」が曖昧になる。すると、後々になって退職が承諾されたとしても、申し出日の明確な証拠がないために、「いったいわないの問題」に発展することもあるから、万全の準備を整えておきたいところだ。

会社によっては、退職日から1か月前または3か月前（民法では14日前）までに申し出なければならないという決まりもある。よって、**申し出日と退職日の「日付」をはっきり**

と書面に残しておくことが重要になる。さらには、「退職願」を書くことによって、**あなた自身が改めて「退職の決意を固める」という効果も高まる。**

そして何より徹底してほしいのは、退職願を「3通書く」こと。「辞めます」「辞めます」「辞めます」と書いているうちに、**「ああ、私は本当に辞めるんだな」という気持ちが盛り上がってきて、いよいよ覚悟も決まる**というものだ。

ドラマに出てくるような熱血上司に破り捨てられたとしても、「予備」として使える。

ちなみに書面は、便せんに手書きでもいいし、パソコンを使ってもいい。作成する場所については、自宅やカフェなどではなく、**転職先の応接室などを借りるといい**。決意を固めるには絶好のスペースだ。転職先の関係者から、退職願の内容が正しく書けているかアドバイスをもらえたら、好都合ではないか。その際の**チェックポイントは次の通り**だ。

「退職願」と書かれているか。提出する日付と退職する日付は正しく書かれているか。宛名は代表取締役になっているか。正式な所属名と氏名が書かれているか。退職理由は一身上の都合になっているか。署名・捺印がされているか。

最低限のポイントを押さえておき、あとの余計な文言はいらない。

恐いのは、そうした備えを怠ったがため〝退職に失敗〟し、人生を棒に振ることである。

鬼100則 72

「迷惑退職」でかまわない 台本のトークを頭に叩き込め

円満退社などあり得ない。問題社員や非生産的な社員なら話は別だが、戦力であるあなたが突然抜けるのだから、それはもう必死になって引き留められるに違いない。

「迷惑はかかるもの。それが退職だ」という闘う覚悟を決め、腹をくくって臨むことだ。

申し出トークの内容は以下のとおりである。

「お忙しいところ時間をいただいて申し訳ありません。実はですね、突然のことで大変恐縮なのですが……。ご迷惑をかけることは承知の上で申し上げます。○月末付をもちまして、退職をさせてください」

といって**同時に、「退職願」を目の前に差し出す。**

「決して会社に不満があるわけではないのですが、次に挑戦したい仕事が見つかりまして。すいません。ここまで育てていただいて感謝しております。わがままばかりで申し訳ありませんが、次の会社に□月1日から出社することになっておりますので、○月末付にて退職させてください」

とはっきり強い口調で〝固い意思〟をアピールすること。

もしそのとき、次の仕事は何かと尋ねられたとしたら、退職が正式に決定するまで、**具体的な会社名や仕事内容については伝えないほうがいい。**説得材料として誹謗中傷され、あなたが嫌な思いをするだけだ。話がややこしくなり、それによって手続きが長引く恐れもある。よって次のように答えてほしい。

「入社が正式に決まるまでは、口外することを禁じられていまして。内々定が取り消されてしまうと困ります。それまで待ってもらえませんでしょうか。入社後には名刺を持って必ずご挨拶にまいります。それはお約束します」

もし転職先が営業職なら、約束の再訪問がきっかけとなり、その上司がお客様になる可能性だってないとはいえない。そうなれば、まさに一石二鳥、濡れ手に粟である。**退職する前に転職先を伝えてしまうのは得策ではない**だろう。

どうしても、筋を通して「気持ちよく転職先を伝えて辞めたい」とあなたが思うのであれば、これ以上止めはしない。

ただ、**退職への障害が大きくなることだけは、覚悟して臨むことである。**

鬼100則 73

「退職ロープレ」を実施し引き留めに負けるな

当然ながら、優秀な人材ほど強い引き留めに遭う。また、優秀な人材ほど情に厚く人間関係を大切にしている。

したがって、次のような言葉で引き留められると、決心がグラつく。

「このとおり頭を下げる。頼むから辞めないでくれ。お願いだ！」

「せめてあと1年、いや、あと3か月はいてくれないか。なあ、それくらいいいだろ」

「君をここまで育てるのに会社はどれだけのコストを費やしたと思っているんだ！」

「お前に今辞められたら、どれだけみんなが迷惑するのか、わかっているのか！」

「○○君は仲間を裏切れない性格のはずだよな。なっ、そうだろ？」

「次期課長のポストを用意しようじゃないか」

「君の要望はよくわかった。とり入れてくれるよう社長にかけ合うから」

「次のボーナスは大幅アップさせる。来年の給与も上げてあげるつもりだったのに」

「絶対に絶対に絶対に、君は会社に必要な人材なんだ！」

これらはよくありがちな常套文句なのだが、実際、**一緒に働いてきた上司からここまで熱心に口説かれてしまうと、それは予想外であったり、正直嬉しかったり、罪悪感に苦しんだりと、あなたの決意がブレるのも無理はない。**

とすれば、こうして引き留められるケースの「応酬話法」を想定しておくことはもちろん、**退職の意思を伝えるロールプレイを実施しておくことが必須**になる。

ロールプレイの相手は、親友や家族でもかまわないが、どうしてもリアリティに欠けるし、真剣につき合ってくれそうにない。

そこで頼りにしてほしいのが、転職先の採用担当者だ。ぜひ、あなたから**転職先のどなたかにロープレ指導を頼んでみるといい。**

あなたのことを本当に必要としてくれているのなら、きっと喜んで相手役を引き受けてくれるのではないだろうか。また、それぐらい面倒見のいい転職先でなければ、信用するに値しない。むしろ、「ロープレしましょう」と積極的である企業を選ぶべきだ。

ここまでやるのか、と思っている人もいるかもしれないが、**「ここまでやる」のである。**

それこそが〝鬼捨離〟なのだ。

鬼100則 74

シンプルに「応酬話法」をリフレインせよ

現職の上司からの説得に対し、**理屈対理屈で押し問答してはいけない。**不平不満はなだめすかされるし、要望に関しては解決方法を提示され、前向きな方向へと導かれてしまう。議論が過激な言い争いになって決裂したとしても、それが退職の承諾になるとは限らない。感情的なもつれは、かえって〝泥沼化〟するものだ。離婚調停のようなものである。

退職申し出の「応酬話法」は、シンプルに「お礼」「謝罪」「決意」を繰り返し繰り返し述べるだけに留めたい。ポイントは次の三つだ。

「会社はどれだけお前に投資したと思っているんだ」と、恩着せがましく責められたら、

『お礼』で応酬してほしい。

『ありがとうございました。○○部長をはじめ会社の皆さんには、心から感謝しています。感謝しても感謝しても感謝しきれません。本当にありがとうございました』

というように、**心から感謝の気持ちを伝える。**

「どれだけ仲間に迷惑をかけるのか、わかっているのか」と、痛いところを突かれたら、『謝罪』で応酬してほしい。

『申し訳ございません。退職することでご迷惑をおかけすることは、重々承知しています。その上での申し出なんです。本当に申し訳ございません。本当に本当にすいません』

というように、**平身低頭な姿勢で謝り倒す。**

「絶対にダメだ。退職なんて認めるわけにはいかない！」と、脅迫的に恫喝されたら、『決意』で応酬してほしい。

『それは困ります（涙）。どうしても新しくはじめたい仕事があるんです。どうしても一緒に働きたい人たちがいるんです。どうしても人生をかけて挑戦したい会社があるんです。もう決めたんです。気持ちは変わりません。どうしても、どうしても……、なんです（涙）』

というように、**断固として決意が変わらないことを伝え、本気であることを示す。**

以上、この「お礼」「謝罪」「決意」の３パターンを、粘り強く何度もリフレインするだけでいいのだ。**「ありがとう」「すいません」「どうしても」**……「ありがとう」「すいません」「どうしても」……「ありがとう」「すいません」「どうしても」……を繰り返し、**これ以外の屁理屈を口にしてはいけない。**またたく間に〝退職の壁〟を突破してほしいものである。

鬼100則 75

強硬な「慰留工作」には いったん身を引け

粘って粘って退職意思を押し通し、ありとあらゆる応酬話法を駆使して、できる限りの交渉を実行したとしても、意地で凝り固まった上司を、一気に翻意させることは難しい場合がある。なかなか首を縦に振ってくれず、すぐには納得してくれそうにないテーブルにおいては、ひとまず次のようにいって身を引くといい。

『○○課長のおっしゃることは、よくわかりました。では、もう一晩だけ、よく考えてみます。明日の朝、もう一度、時間をいただけますか？』

その場は上司の顔を立て、いったん引き下がるのだ。だがそれは、決して後退ではない。そう、戦略的な一時撤退である。あくまでも「前へ進む」イメージは失わないでほしい。

上司にも立場というものがある。いきなり退職の申し出をされて、「はい、そうですか」とはいえない。この段階では、いったん上司のプライドを尊重するのだ。**説得によってあなたを翻意させたという〝手柄〟を演出する**のである。

この演出パターンを使えば、退職の申し出に驚いた課長（あなたの上司）が、自分では手に負えないと、その上役である部長や役員に泣きついた場合も有効となるだろう。

部長「ほーら、見ろ。オレの説得が効いたじゃないか」

課長「さすが、部長です。お見事でございました」

などというサラリーマンチックな茶番が展開されるに違いない。**部長は慰留に成功したことで、面目は保たれる**わけだ。しかしながら、こちらもこのまま引き下がるわけにはいかない。翌朝になったら必ず、次のような返事を伝えること。

『昨日は、引き留めていただきまして、ありがとうございました。正直、嬉しくて嬉しくて……。一晩中、眠れないくらい、いろいろと考えに考え抜きました。でもやっぱり、気持ちは変わりませんでした。どうしても、やりたい仕事があるんです。○月末付にて、退職をさせてください。わがままをいって本当に申し訳ありません』

ここまで段取りを踏んで強く申し出れば、相手も根負けし、あきらめざるを得ない。

ただ、もしそれでも埒《らち》があかなければ、さらにもう一晩考えると引き下がり、また翌日のアポイントをとること。間違っても、ずるずると無期限に、「よく考えろ」と長期戦に**持ち込まれないよう、３日以内の〝短期決戦〟で勝負をつけなければならない。**

鬼100則 76

「入社前研修」のつもりで定期訪問せよ

面接の最後に、採用候補者から次のような質問を受けることが多い。

「内定をいただいてから、入社するまでの間に、何か準備しておいたほうがいいことはありますか？」

面接の合否がまだ出ていないにもかかわらず、調子に乗ったずうずうしい質問だなあと苦笑しながらも、「仮にこのまま合格したとして、入社までに準備しておくことは、特にありませんよ。あまり焦らないでください。入社後には充実した研修が待っていますから、事前に専門的な勉強をする必要もありません。モチベーションが上がるセミナーや講演会にでも参加されたらいかがでしょうか」という当たり障りのない回答に留めておく。

しかし、本音をいえば、モチベーションなど簡単には上がらない。

入社前のモチベーションを持続させる特効薬があるとすれば、それは**次のステージへの"希望と情熱"である。**

もしも、転職先企業さえ迷惑でなければ、**定期的に訪問し、「入社前研修」を受けさせてもらうこと**だ。

未来への期待で胸がいっぱいな今である。新天地の〝パワースポット〟こそが、あなたにエネルギーを与え、幸福を運んでくれる。

一方で、**期待とは裏腹に〝不安〟も消えない**のかもしれない。面接前に得た情報と、入社後の現実、もしもこの「勘違いのギャップ」が大きく、あなたを失望させたり、自信を喪失させたりしたら、せっかくの再スタートからずっこけてしまうではないか。

決して焦る必要はないのだが、やはり、できる限り不透明な疑問を払拭した上で、モチベーション高く新天地での再スタートを切りたいものだ。

であるなら、**入社前から頻繁に転職先とのコンタクトをとってほしい**。面接前には触れることのできなかったさまざまなレクチャーを受けるのもいい。たとえ同じ情報提供が繰り返されたとしてもかまわない。1回や2回学んだだけで、すべてを完璧にマスターできるはずもないのだから……。

未来への新たな目標が定まり、張りきっている今だからこそ、「面接前とは違うモチベーション」が得られるのではないだろうか。

鬼100則 77

消費期限切れの交友関係を「棚卸し」せよ

転職によって「人生を変革したい」と、本気でそう願うなら、働く場所を変えると同時に、交友関係も大転換してしまうのが効率的だ。

あなたは一人の大人として独立独歩、我が道を歩んでいるようで、実はそうではない。周囲の交友関係の影響をもろに受け、生きている。人の意見に左右されながら、ときに振り回され、大切な選択でさえも、自分一人で決めて来なかったのではないのか。

だからそう、環境が変わる今がチャンスである。**これまで惰性でつき合ってきた過去の交友関係を一掃する**のだ。

たとえば、私が長年勤めてきた生保業界の場合。セールスパーソンたちは、人生を変革するために、フルコミッションの世界に挑戦してくる。そして彼らは、入社時に「100人の親しい人脈リスト」を作成し、営業活動をスタートさせるのだ。

すると当然、友人・知人との信頼関係がそのまま、結果へと投影される。ビジネスとプライベートの垣根を越え、**対等の〝新しい協力関係〟**が構築できるかどうか、その**「人間力」が成功を引き寄せる条件となる。**

一方で、メンタルブロック（拒絶の壁）に跳ね返され、グダグダと〝終わった友情〟にしがみついている者は落ちぶれていく。**過去への執着を手放せない者や、未来にスイッチを切り替えられない者は、生き残ることができない、**厳しい世界なのだ。

生保業界に限らず、どのような仕事に就くことになったとしても、再出発するこの機会に、過去の友人・知人データを整理整頓し、「人間関係の断捨離」を試みてはどうだろうか。

人生を変えたいと思うなら、すでに関係が死んでいる「シンドラーのリスト」を精査し、**〝消費期限切れ〟の交友関係を棚卸ししてみること**だ。その結果、リストに残った友達だけが、本当に必要な〝人脈〟となるわけだ。

そのとき、あなたがその相手を「救ってあげたい」「応援してあげたい」「命のビザを発給してあげたい」と思えるかどうかも判断基準になる。ぜひ、**棚卸しされた「シンドラーのリスト」の中に、〝本物の友情〟を見つけてほしい。**

そうして心機一転、**また一から新たな人脈をつくり直せばいい**のだ。未来への人脈を再構築できる者だけが、転職の道を成功へと導けるのである。

転職こそ人生「パラレルワールド」へ迷い込むな

20代のとき、私は大手企業に新卒入社後、飛ぶ鳥を落とす勢いで活躍していたが、突然退職に踏みきった。**安定したポジションを捨て、転職した**のだ。

退職を申し出ると、直属の上司であった支店長からは、形ばかりの引き留めがあったが、すぐに了承された。自己主張が強い私に手を焼いていたのだろう。予定調和である。

しかし、6階級も7階級もはるか上役の「営業本部長」直々に、猛烈な引き留めに合うとは、想定外であった。将来の社長候補と噂された若手取締役のやり手筆頭である。正直、嬉しくもあったが、今さら翻意する気はなく、かといって無下にもできず、困惑した。

しかも、「**どこでも好きな部署に行かせてやるぞ。本社でもいい。よかったら俺のところに来ないか**」と口説かれた。さすがに、一瞬グラッと揺れたことを覚えている。

もしあのとき、その甘い誘惑に負けて、辞表を引っ込めていたら、私の人生はどうなっていただろう、と想像したこともあったが、**退職を後悔したことは一度もない**。

今ではその企業も、当時の何十倍も大きなホールディングスへと発展し、名実共に一流企業となっていった。その本部長は社長となり、グループ副会長の座まで昇りつめたのだから、私も引き上げられ、それなりに出世できたのかもしれない。

だが**それはしょせん、パラレルワールドである。この「現実世界」において、想像の別世界を超える成果を生み出せばいいだけのこと**だ。

振り返ってみれば、その後の人生は波乱万丈であったが、私は夢を求めてフルコミッションセールスの世界に飛び込み、成長の階段を駆け上ることができた。安定的に年収数千万円を稼ぎ出せるようにもなった。

近年では、それらの経験を基に執筆した本が次々とベストセラーとなり、こうして本書が14作目の出版となった次第である。

執筆と並行して、私はさまざまな営業組織のイノベーターとして「変革」や「立ち上げ」の指揮を執ってきたのだが、そのたびに地位も名誉も報酬も、そしてやりがいも、飛躍的にアップしたことはいうまでもない。

どのステージにおいても**現状に満足せず、挑戦してきた成果**である。

転職、転職、転職に次ぐ転職こそが、「悔いのない人生」を創り上げたと断言できる。

鬼100則 79

「ディズニーランド」のような楽しい会社はないと思え

転職してしばらく経つと、組織の実態が見えてくる。**入社前、ディズニーランドへ出かけるかのように高揚していた気持ちも、現実の厳しさの前では、意気消沈である。**

いつの間にか、ミッキーマウスのように陽気だった上司も、不機嫌なジャイアンのように命令を下しはじめる。ミニーちゃんのように優しい笑顔でお茶を入れてくれた女性社員も、毒リンゴで白雪姫を殺す魔女のように、あなたの事務ミスを叱責する。

「今度の会社こそは、きっと自分の夢を叶えてくれるマジックキングダムに違いない」

そう信じて転職してきたのに、大きな思い違いをしていたようだ。

あなたはだまされたのか。いや、違うだろう。というか、そもそもディズニーランドのように楽しい会社など、どこにも存在しない。メリーゴーランドに乗って楽しむのはお客様であって、従業員ではないのだから。

いやはやなんとも、**幼稚な憧れだけではどうにもならない。**

せっかく転職しても、そうやって仕事が辛くなると、また目先の環境を変えたくなり、短絡的な転職を繰り返す人がいるが、結局のところ、何ら代わり映えしない。

問題は、あなたと転職先との相性でもなければ、職業適性でもない。問題は、あなたの〝幼児性〟なのである。一刻も早く、その甘々な依存心を断捨離してほしい。

まだ若く未熟だったかつての私も、失敗した一人である。触れるまでもないと思い、これまであまり語って来なかったのだが、新卒で入った大手飲料メーカーから外資系生保へ移る間に、11か月だけ在籍した会社があった。半導体を扱う電子部品の専門商社である。今となって振り返ってみると、どうしてあの会社へ転職したのかわからない。世はまさにバブル景気真っ盛りで、条件のいい転職先など星の数ほどあったはずなのに、あまりにも考えが浅かった。何より、文系の私が不得手な業界なのだから、笑うに笑えない。いうまでもなく、その会社も、ディズニーランドとはほど遠かった。

私は**その〝体験学習〟を通して、初めて腹がくくれた。**普通のサラリーマンをやるなら、どこの会社へ入っても大差がない。「リスクが高く厳しくても、リターンもやりがいもある生保のフルコミッションセールスへ挑戦しよう」、**そう覚悟させてくれたあの〝迂闊な転職〟のおかげで、現在のディズニーランド的な幸福がある。**

「不退転の境地」で悟りを開け

「不退転」の語源は仏教用語だ。どうやら阿弥陀仏の力によって、この上ない幸福になったことを「不退転の境地」と呼ぶらしい。その境地へと至るために努力して修行すれば、**一度到達した「不退転」からは後戻りしない**のだという。

思い起こせば、私の作家人生がはじまったのは２００４年。念願だった1冊目の本が商業出版された年である。

その頃は、外資系生保で支社長を務めていた時代。就業規則では出版はおろか副業などもってのほか、という逆風であったが、支社の業績がダントツであったことと、営業社員たちへ毎朝配信していた激励メールを一冊にまとめた内容が本になるという経緯《いきさつ》もあり、**特例として許可が下りた。**

ただそれはあくまで、特例として認められただけで、その後は当然のように頑として出版の許可は下りず、チャンスを逃し続けたままときが流れた。

しかし、２００７年末、株主がスイスからフランスへ変わる絶好のタイミングで退職することを決めた。そう、**決め手は「出版したい」だった。**出版を許可してくれた国内大手生保へと転職したことが、私の人生を大きく変えたといっていい。さすが、日本一大きな保険会社である。年収も含めた条件面も超太っ腹だった。

とはいっても、外資系生命保険会社は19年も勤めてきた組織だ。辞める当時の品川支社の親愛なる部下たちはもちろん、全国の支社にも思い入れのある教え子たちが数多くいたし、愛着はひとしおであった。後ろ髪引かれた思いを、察していただけるだろうか。

退職する前に、**別れる仲間たちへ約束したことがある。**

「私は辞めたくて辞めるのではない。どうしても本を書きたい。全国の、いや全世界の人たちを元気にする本を書きたい。**どんなことがあっても本は書き続ける。**だから、再出発を認めてほしい。辞めるわがままを許してほしい」と。

あれから現在に至るまで、ほぼ毎年コンスタントに本を書き続け、本書が14作目となった。それらは韓国語や中国語にも翻訳されたし、電子書籍としても配信されている。

保険会社の本社勤めをしながらという制約がある中で、私は今も、約束を守り続けている。**「不退転の境地」からは、もう決して後戻りしない。その確信が、私にはある。**

第5章

Thoughts
～鬼思考～

人間は何万年も　あした生きるために
今日を生きてきた。

手塚治虫

生きるために働く必要がなくなったとき
人は人生の目的を真剣に考えなければならなくなる。

イギリスの経済学者　ケインズ

鬼100則 81

転職とは人生の人事異動「生き方改革」へ取り組め

仕事に対する「満足感」と「やりがい」を混同してはならない。

「やりがいには欠けるけど、不満がないから、幸せだ」と感じて働いている人と、「やりがいがあるから、不満はあるけど、幸せだ」と感じて働いている人がいる。

やりがいと幸福感とが切り離されている人と、やりがいと幸福感ががっちりと連動している人、という対比が明らかだ。

「満足しているという感覚」は、現状維持的で退屈なニュアンスが否めない。

その一方で、**「やりがい」は、現在の満足感よりも、苦難の中にこそある自己実現が勝っているところがある。**居心地のいい満足感を犠牲にしているからこそ、自己実現に向かって「やりがい」を感じることができるわけだ。

まさに、その苦難（＝幸せ）を求めてチャレンジすることが、転職する意味なのではないだろうか。そう、転職活動において最優先しなければならないのは、「満足感」よりも徹底した自己実現への思いと「やりがい」の追及、そして大いなる〝未来志向〟だ。生ぬるい満足感や体裁のいい福利厚生にだまされてはいけない。

「働き方改革」だけが大事なのではない。あなたの「生き方改革」に取り組まなければならないのだ。どれだけ会社を変えたところで、あなた自身の「生き方」が変わらなければ、人生は変わらない。

いい換えれば、「労働条件」重視派なのか、それとも、「自己実現」重視派なのか。私は断言する、転職に成功するタイプは、自己実現に生き方をシフトできる人だ。最も深刻なのは、「これといって不満はないが、かといって満足もしていない」といって、アリ地獄から抜け出せない人である。

あなたが〝退屈〟だと感じるときは、**事象が「つまらない」というより、それを「つまらない」と思うから「つまらなくなる」**のである。〝退屈〟を呼び起こすのは事象そのものではなく、その事実（事象が起きた要因）と向き合う「生き方」次第なのだ。

転職とは、人生の人事異動である。あなたは人生の人事部長なのだ。権限はあなたに委ねられた。さて、どのタイミングでどの部署（会社）へ異動するのか、すべてはあなた次第、自由自在なのだが……。さあ、本当はどうしたい？

鬼100則 82

仕事への「愛」を探求せよ

仕事と「恋愛」はよく似ている。新卒で入社した会社が初恋の相手であるとするなら、転職先というのは「次の交際相手」ということになるだろう。しかし現実は、自分が心から愛するに値する素敵な相手（会社）と出会うことなど、なかなかできない。

愛するに値する相手さえ現れてくれれば、「愛してあげること」ができる、と思っている人は、職を転々とする〝幸せになれないビジネスパーソン〟と同類だ。

絶世の美男・美女（人気企業）で、高収入のエリート・資産家のお嬢様（大企業）で、どんなわがままも聞いてくれる誠実な相手（好待遇の会社）と出会いたい、という願望も虚しく〝妥協の恋〟に落ちても、やがては破局の繰り返しである。

すると、また懲りずに、「今回は恋人（会社）選びを間違えてしまった」「今度こそ自分と相性抜群の恋人（会社）を探そう」と再出発を図るのだが……。

それはもう、涙ぐましい努力である。劇的に恋に落ちた当初は夢中になり、燃え上がった状態を「愛の強さ」だと思い込む。だが残念ながら、この燃え上がった恋の炎（モチベーション）は、ときが経つに従って失われていく。そしてまた、**「恋に落ちる高揚感」を味わいたいがために、新しい相手（会社）との出会いを求め続ける**のだ。

するとまた、その高揚感は次第に冷めていき、新たな恋（転職）を求めるようになる。**今度こそ「本物の恋（天職）」に違いないという幻想を抱き、失敗を繰り返す**のである。

ドイツの心理学者フロムの言葉に、「誰かを愛するということは、たんなる激しい感情ではない。それは決意であり、決断であり、約束である」という背筋の伸びる名言がある。

誰かを愛するためには、強い意志を持つべき、という意味だろう。完璧な相手（会社）などいないのだから、**この人（会社）を愛そうと決断したら、あらん限りの知恵と忍耐力を発揮して、「愛をクリエイティブする力」を育てなければいけない**のだ。

その思想を持って失恋（失敗）し、次の恋愛（転職）に臨むのなら、その失恋は**大人へ成長するための〝通過儀礼〟となる。**そう、映画のタイトルよろしく、「イニシエーション・ラブ」なのである。さすればもはや、意味や価値のない失恋（退職）などなくなるだろう。

その観念が強いほど、愛する力が育っていく。精神的な大人に成長したステージへ上がることができる。だからこそ、一生涯の伴侶（天職）と出会うことができるのだ。

鬼100則 83

「熱」が冷めたらエゴと向き合え

もう少し、**仕事を恋愛に置き換えてみよう。**

どこまでいっても条件の整ったパーフェクトな相手などいないのだが、かといって、自分自身も完璧ではない。だから、恋をするたびに、自分が嫌になる。

もっと美しい容姿だったら……、もっと頭がよかったら……、もっとお金持ちだったら……、もっと話し上手だったら……、もっと明るく素直な性格だったら……と、人間的に未熟な若き時代は特に、コンプレックスに悩むことになるのだ。そしてそれが負い目になって、いつまで経っても、「恋のイニシアティブ」を握ることができない。

とはいえ、「惚れた腫れた」の世界にどっぷりと落ちてしまえば、お互いに〝欠点〟は気にならない。むしろ、「ダメなところも好き」だなんて、他人から見れば「勝手にしやがれ」的な、自分たちだけの世界観を創り上げていくわけだ。

ところが、どれだけ熱く熱く燃え上がろうとも、やがて冷める。冷静になって我に返ってみれば、「何でこんな子に惚れたのだろう」と、顔を見るのも嫌になっていく。箸の上げ下げまでもイラッとして耐えられない。まさに幻想から醒めていくのである。

そうして愛は、憎しみへと変貌していくこともあるのだ。

ただ、恋が終わる決め手になるのは、相手の欠点がどうのこうのというよりも、**「自分自身の欠点」が見えてきて嫌になるというのが本質**であろう。

馴れ合いになってくれば、そうそう優しくなんてしてあげられない。自己中心的な振舞いになる。相手のエゴはもっと許せず、寛大さなど消え失せてしまう。それでいて低俗な嫉妬に狂い束縛したりするものだ。人間の醜悪さ、滑稽さ、卑劣さと直面する。

そんな自分にとことん嫌気が差し、やがて悲しい別れがやってくるのである。

仕事選びも同じだ。〝気づき〟なくして次の幸せは手に入らない。

モチベーションが冷め、会社（恋人）の欠点を責めるだけ責めて転職したところで、成功はおぼつかない。ましてや、自分の未熟さを正当化して、次のキャリアへ進んだところで、失敗（破局）を繰り返すだけである。

「転職する意味」とは、一時的な熱に踊らされて自らを見失うことなく、ナルシストでエゴイストな自分を認め、仕事（恋愛）への〝悟りを開く〟ことにあるのだ。

鬼100則 84

どこへ転職しても「理不尽な魔界」だと覚悟せよ

「社員を大切に、そして平等に扱ってくれるような企業に勤めたい」と願い、転職しても、パワハラ企業、また転職しても、ブラック企業と、職を転々としている可哀相な〝被害者〟が、ゾンビのようにうようよと、ビジネス街を徘徊しているらしい。

だがはたして、彼らゾンビーズは本当に〝被害者〟なのだろうか。いや、そもそも彼らが求めている**「ホワイト企業」なんて、この世に存在するのだろうか。**

あなたの儚《はかな》い希望を打ち砕くようで、大変申し訳ないのだが、答えはナッシングだ。というか元来、**その甘えた考え方自体が、転職に向いていない。**もとより、「社会で働く上での致命的な不適格者だ」といったら、暴言だろうか。

〝青い鳥〟を求めてまごまごしていると、おぼっちゃま・お嬢ちゃま気質のうぶなチルチルミチルを食い物にする〝真っ黒な鷹〟が、虎視眈々と狙いを定めている実態を知っておくことだ。この世の中は、生き馬の目を抜く弱肉強食の世界なのだから。

もちろん、職場も例外ではない。**魑魅魍魎が跋扈《ばっこ》する「理不尽な妖怪」の巣窟なのだから、不平等、不公平、不合理なことだらけ、矛盾と葛藤が渦巻く「魔界」**なのである。

たとえば、粉骨砕身に一生懸命働く社員ほど、業務が増えてストレスフルになっていくし、会議で正論ばかり訴えるまともな社員は、左遷・降格されてしまう。出る杭は打たれ、活躍すればするほど妬まれる。逆に、仕事はできなくても高学歴の社員やヨイショのうまい社員は給与が上がるし、何かと優遇されることになっている。

もしあなたの心の中に「やるせない」「ひどすぎる」「ばかばかしい」という気持ちが渦巻いているとしたら、おそらく**その不平不満は、転職しても解消されない**。それらは、笑うに笑えない「職場あるある」である。**まだ命をとられないだけ平和だ、と思うしかない。**

ここはひとつ、悟りを開いたかの如きお釈迦さまの佇まいで、不平等な理不尽さを受け入れてみたらどうだろうか。そもそもそれらは**「職場あるある」なのだから、その環境に慣れるしかない。**これ以上どうにもならないことにエネルギーを消耗することなく、最優先するべき目の前の〝仁義ある戦い〟に、あなたの意識を向けることだ。

何よりも職場とは、「理不尽さに耐えることを学ぶ修行の場」である。そのことを十二分に覚悟した上で、「転職」に向かわなければ、〝青い鳥〟は見つからないのである。

「転職の神様」に依存するな 期待に応えろ

蛇足ながらいっておくが、会社は決してあなたのためにあるのではない。さらにいうなら、世の中もあなたのために存在しているわけではない。残念ながら、現実世界はあなたを中心に回っていないのである。

だから、**会社はあなたのために何もしてくれない**、ということになる。

もし、あなたが会社に何かを期待しているとしたら、それは叶わぬ夢物語であり、まったくの無駄である。

その発想を逆転させておかない限り、あなたの転職はまた失敗するだろう。あしからず、永遠に失敗続きに違いない。

「依存の塊」のようなサラリーマン根性は、あなたをますます不幸にしていくだけだ。

世の中は、あなたの都合のいいようにできていないというより、むしろ、都合の悪いほう、悪いほうに、しくじるよう、しくじるように回っていく。よってあなたは迷走する。そして、祈る。しかし、その祈りは届かない。

それはなぜか。あなたが受け身で何もしないからである。というかなんというか、そもそもいったい何様のつもりなのか。勘違いもほどほどにしてほしい。

あなたは人生の何か運命のようなものに対し、過剰に期待している気がしてならない。

しかし、**答えはあなたの中にしかない。外側には何もない**のだ。そう、**あなたは常に試されている。**いつも何かに「試され続けている」と思ってほしい。

あなたは「人生の課題」を問われている存在である。生かされていること自体が、試されていることにほかならない。

転職についても同様だ。**〝転職の神様〟に期待してはいけない。〝転職の神様〟こそがあなたに期待している**のだ。

つまりは、あなたが会社に対して「何かしてくれるのではないか」と期待していること自体が間違いであり、その逆に、**会社はあなたに対して「会社に何をしてくれるのか」を期待している**のだ。

次の転職を成功させたいのなら、「あれがほしい、これがほしい」という受動的なおねだりを止め、「あれもできる、これもできる」という能動的な姿勢に変えることである。

鬼100則 86

「現在進行形」で自己洗脳せよ

たとえば、ある若き転職予備軍の一人が、「来年までに、憧れの優良企業に転職し、キャリアアップする」「念願の役職を得て、年収を800万円にする」「幸せな家庭を築く」という三つの目標を設定したとしよう。

私は断じてそれらを否定するつもりもない。むしろ、前向きな目標設定に、敬意を表したいとさえ思う。だが残念ながら、これらの〝努力目標〟は、達成できない可能性が高い。

なぜなら、目標というのは、あくまで未来のこと。至って不透明である。当たり前の話だが、**達成できるかどうかなんてわからない。**

そもそも中小企業で働く年収400万円の彼女のいない独身君が、「転職に成功して年収800万円を稼ぎ、幸せな家庭を築く」という願望を唱えても、ただ虚しいだけだ。

よって、ここで私から「目標達成のためのアファメーション法」を伝授しておきたい。

もし目標を掲げるのなら**〝今この瞬間〟の事実として、現在進行形で表現すること。**未来のことでなく、「すでに〝今現在〟達成している」ことにしてほしい。

念のため断っておくが、この「現在進行形」というのは、単に文法上の表現をいい換えればいい、という意味ではない。単純に「今現在、幸せな家庭を築いている」という、思い込みの域を出ない現在進行形のアファメーションでは効果はない。嘘はダメだ。

いかにも、今はまだ、キャリアアップなどしていない、年収８００万円でもない、幸せな家庭なんて築いていない、たしかにそれは、紛れもない事実だ。しかし、**それらを実現することができる「パワー」や「バリュー」なら、今現在のあなたの中にある**はずである。

「来年までに、憧れの優良企業に転職し、キャリアアップする」のではなく、**「今の私には、来年までに、憧れの優良企業に転職し、キャリアアップする実力がある」**のだ。

「念願の役職を得て、年収を８００万円にする」のではなく、**「今の私は、念願の役職を得て、年収を８００万円にする能力を持っている」**のだ。

「幸せな家庭を築く」のではなく、**「今の私は、幸せな家庭を築くだけの価値があり、その魅力にあふれている」**のだ。

〝フォースの覚醒〟を信じきること。徹底して潜在意識を育て、本当の「自己洗脳」に成功すれば、すべての未来は、今現在のあなたと固く結ばれ、実現していくのである。

鬼100則 87

失敗体験を転職の「秘密兵器」に変えろ

「とり返しのつかない大失態をやらかしてしまった」

「この体たらくでは、評価がガタ落ちだ」

「こんな不祥事を起こしてしまって、仲間に合わせる顔がない」

そんな不遇な現実に対し、「だったらもう、いっそのこと辞めちゃおうかな」などと、破れかぶれな転職願望を口にしてはいないだろうか。

社会の荒波にもまれていれば、このような失敗などは珍しいことではない。

ややもすると、同僚や取引先の失敗に巻き込まれ、連帯責任を負わされることもあるかもしれない。不可抗力ということもあるだろう。

どちらにせよ、その失敗から学んだことを、いかにして「次の転職に活かすのか」が大事なのであって、そのための貴重な経験だと思えば、むしろ〝必要悪〟なことにも思えてくるはずだ。

そもそも仕事に失敗はつきもの。そのたびにいちいち転職を考えていたら、きりがないだろう。それではあまりにも情けない。学びを活かした転職でなければ、それこそ「失敗」と「転職」を永遠に繰り返すことにもなりかねない。

失敗を転職のきっかけにするのではなくて、失敗を転職の「武器」にしてほしい。

秘密兵器や必殺アイテムは、「ここぞ」のタイミングで使うのだ。

いずれ「いかなる失敗も、転職の武器にしてみせる」という気概こそが、キャリアアップへのパワーを生み出す。このメンタリティを持ってすれば、たいていの試練は乗り越えられるし、マイナスをプラスに反転させることもできる。

常にどんな障害も「人生のステージを上げるため」である、と解釈し続けることができれば、やがてあなたの〝学び〟に、高い値段がつく。

そうなれば、**後々になって、「ああ、なるほど、そういうことか。前職での失敗があってこそ、今こうして転職し、成功しているのだ」**と納得することができる。

その失敗からのシナリオ次第で、一発どんでん返しの痛快な「転職ストーリー」が展開されるのである。

そう、**武器は多ければ多いほどいい。大きければ大きいほどいい。**

鬼100則 88

「未知との遭遇」を求めて冒険せよ

「どこかにいい条件の会社はないかなあ」

「もっと居心地のいい会社へ転職したいなあ」

「ワクワクできる仕事に就きたいなあ」

などと夢見て、転職サイトの迷路を彷徨っている〝ドリーマー〟はいないだろうか。

そんな彼らが、このまま現職に留まったところで、もはや八方ふさがりの状態。〝強制労働〟の地獄へと堕ちていくだけだ。いつまで経っても、退屈地獄、閉塞地獄、迷路地獄から抜け出すことはできないだろう。

にもかかわらず、どこかに「いい会社」はないだろうかと、いつまでもうじうじと留まっている場合でない。


あなたは今、人生の岐路に立っている。一生を左右する大事な局面だ。いつまでも「受け身の姿勢」一辺倒の転職活動でいいわけがない。

でもまあ、それはそれであなたの人生なのだから、あなたの勝手である。滑り止めの滑り止めで入社したその企業に留まるのもいいし、そこその企業を選んで妥協を受け入れつつ、次なるステージへと旅立つのも、あなたの選択次第だ。

しかし、**転職活動とは、人生の「冒険旅行」だ。さまざまな〝未知との遭遇〟にワクワクドキドキし、大きく膨らむ希望が持てなければ、それこそ夢がない。**

転職とは、ある種の〝賭け〟なのだ。一発勝負をかけるときにかけないと、勝機どころか脱出口さえも見出せない。もしあなたが、無難に安全策をとる転職活動の中で、「冒険」を嫌っているとしたら、転職後も、平穏でつまらない仕事が待っているだけだろう。胸躍るモチベーションは得られまい。

こうなれば、もっとクレイジーに暴れ回ってほしい。**徹底的に転職マーケットをかき回すのだ。**「うおーっ」と吠えて、全力でオフィス街を走り回るイメージである。

「いったい、最近の彼はどうしたんだろう？」と、同僚がざわつきはじめたとしたら、いい兆候だ。そして、あなたの周辺が、「えーっ」と声を上げて驚くほどの転職先を次々と訪問してみてほしい。

きっとそこから「何かが動き出す」に違いない。

鬼100則 89

転職版「引き寄せの法則」を信じろ

何かが動き出したら、次に大事なのは「運」だ。いや、運がすべてといってしまったら元も子もないだろうか。もっというなら、**転職運を引き寄せる〝実力〟次第である。**

転職は、タイミングの良し悪しにも左右され、自分の能力だけでは、どうにもならない〝時のいたずら〟に弄《もてあそ》ばれる。そうした不調が続けば、気持ちが萎える。「なかなかうまくいかないものだなあ」というあなたの嘆きとため息が聞こえてくるようだ。

しかし、不運に腐ってはいけない。ここはぜひとも、「転職の流れ」を味方につけてほしいものだ。優秀なビジネスパーソンは、意識するしないにかかわらず、**いかにして「運命的な仕事」との出会いを引き寄せるのか、それを知っている。**そう、転職の流れを読み、運勢を味方につける実力にも長けているのである。それはもう魔法とも思える判断力と行動力で、良縁を引き寄せていく。

その代表的ないい例が私である。計6回の転職は、段階的にいずれも大成功だった。

それらを振り返ってみて、つくづく思う。まさに、**転職活動はスポーツと似ている**、と。試合中には何度も何度も大事な選択を迫られ、それを瞬時に決断していかなければならない。結果、成功も失敗もあるが、いちいち一喜一憂している暇はない。

だから、冷静に結果を受け入れて、常に「平常心」を保つことのできる「タフな精神力」を持っている人が勝つのだ。

敗者というのは、裏目裏目にうまく運ばなくなると、カッとなって頭に血がのぼり、平常心を失う。または、「今日は運がない」と、くよくよと嘆き悲しみ、落ち込んでいく。さらに負けが込むとますます意気消沈し、流れから完全に見放されていくのだ。

一方で、すべての局面でイケイケどんどんの思慮の浅い人も勝てない。

平常心で我慢を重ね、いざというここぞのタイミングでギアを上げることのできる人が勝利するのだ。平常心で転職ゲームを楽しむことさえできれば、「ターニング・ポイント」がはっきりわかる。そして、ビッグウェーブに乗ったらもう一気に攻め立てればいい。

転職版「引き寄せの法則」があることを信じてほしい。

あなたにもぜひ、「転職の流れ」を操れる冷静沈着なビジネスパーソンになってほしいものである。

鬼100則 90

「なんとかなるさ」はなんとかならないと思え

「売り手市場の世の中だ、転職なんて、まあ、なんとかなるさ」という楽観的なプラス思考、私は決して嫌いじゃない。深刻に悩んで「失敗したらどうしよう」とぐずぐず動けないよりは、よっぽどましだと思う。

そのような楽観思考は、人生のさまざまな場面で、私たちを救ってくれることもあるし、ちまたにあふれている良書を読めば、「悲観的になるな」と説かれている。

そんな「なんとかなるさ」的な楽観主義で、人生を運よくすいすいと乗り切ってしまう強者《つわもの》もいるにはいる。しかし、転職戦線においては、彼らを見習ってほしくない。

実際、人生がガラリと変わってしまうかもしれない大切な転職先を、安易に選択する人などそうそういないのだろうが、ときに、**楽観的な人というのは、「いい加減」「思慮が浅い」「行き当たりばったり」の域を抜けきれていない**ことが多い。

楽観的な理想を唱え気分が高揚しているだけの「転職マニア」は、**どこか〝本気さ〟が**

足りない。大きな夢は語るが、小さな現実を見ようとしないのだ。

よって、ニセポジティブ人間の夢や目的は、永遠に達成されないままだ。言行不一致で実践がまったく伴っていないのだから、条件のいい転職先など見つけられるわけがないだろう。起業に至っては、なおのこと。失敗は目に見えている。

残念ながら彼らには、普段から、客観的なデータを分析し、具体的なアクション計画を実行するという習慣がない。もちろん、転職活動においても、である。

となれば、当たり前の末路だが、**仕事選びに失敗を繰り返す典型的なパターン**は避けられない、というわけだ。

一方で、**ストイックな悲観論者のほうが〝良縁〟を引き寄せている。**

もし、いつも前向きなあなたが今、行き場を失った転職活動に迷走しているなら、ここで念のため、自分は面倒臭がり屋の「ニセポジティブ人間」なのではないかと疑ってみるといいだろう。

一日も早く、「口先だけの理想論からは何も生まれない」ということを自覚してほしい。

ニセポジティブの呪縛を解く方策とは、**「なんとかなるさ」という口癖を「具体的に行動する」に変え、現実的な転職プランを実行に移すこと、**それ以外にないのである。

鬼100則 91

予測不能なトラップは「ゲーム感覚」で乗り越えろ

転職して仕事のグレードが上がったとき、当然、そこには「高い壁」が立ちはだかる。業務に慣れるまでに時間を要するものもあれば、難易度の高いタスクを任されることもある。新たな責任の重さに押しつぶされそうになることもあるだろう。

そう、**転職とは、大いなる「挑戦」**なのだ。

前職より厳しい現実が待っているのは、世の習い。**〝天国〟のような職場を想像して転職した輩は、痛い目に遭ってはじめて、自分の「甘さ」を思い知る。**だから、覚悟のできていない転職は「苦汁をなめる」ようになっている。

困難を極め、それを乗り越えるからこそ、転職した本当の意味が見えてくる。そうして仕事の本当の面白さを知っていくのだ。「転職してよかった」となるのである。

だから、**転職してすぐには正解が出ない、**と思ったほうがいい。

もしあなたが、転職自体で、人生の目標が一斉にクリアになったり、人生の問題が一気に改善に向かうという勘違いをしているなら、転職活動などすぐに止めて、いかに現職でうまく立ち回り生き抜くのか、それを考えたほうが得策だ。

次々とステージを上げていく**「難易度の高いゲーム感覚」で、予測不能なトラップを攻略すればするほど面白くなるのが、本当の転職**なのだ。

にもかかわらず、すぐに〝面白さ〟を探し出そうとして、「職場を転々」としている人が少なくない。

何度も何度も転職を繰り返し、いつまで経っても、達成感や充実感が得られないのは、〝正解の出ない答え〟を探し続けているから、である。

一般的に、「面白い」という感情は、はるか高い目標をクリアしたり、超難解な問題が解決して、仕事のステージがワンランクもツーランクも上がったそのとき、〝感動〟と共に味わえるのだ。

仕事の醍醐味というものは、転職した後々、忘れた頃にやってくる。**苦難の長い道のりを乗り越えたときに、「転職して正解だった」と、心から思える**のだ。

あなたの転職が失敗を繰り返すのはなぜなのか。ようやく理由が明らかになったのではないだろうか。

鬼100則 92

「比較地獄」から脱出しろ

「不幸な転職」を繰り返す要因、それは〝他人との比較〟からはじまる。

たとえば、ある友人が、運よく条件のいい企業に入社でき、幸せそうな毎日を送っているように見えたとしよう。

すると、「うわー、いいな」「くそー、ずるいな」「なんだよ、たいした実力もないくせに」という嫉妬地獄に陥る。そのときのあなたが現職の雇用条件に不満を持っている場合であるなら、なおさらだ。醜いジェラシーの炎がメラメラと燃えたぎる。

そこで、「僕も転職したい」「私もあんな会社へ入りたい」と、転職願望がむくむくと湧き上がってくるのだが、**はたしてその〝動機〟は、正しい方向へ導いてくれるのだろうか。**

「勝った、負けた」に一喜一憂し、常に〝エセ優越感〟に浸っていないことには、コンプレックスが刺激され、どうにも耐えられないらしいのだが……。たいした実力も実績もない勘違いパーソンに限って、そうした**根拠のない優越感を持っている**からやっかいだ。

勝手に敵対視されたライバルにとっても、いい迷惑。比較の対象として、陰で「わら人形」に五寸釘を打ち込まれ、不幸を呪われているとしたら、不気味である。

仮に、嫉妬に狂った「比較マン」が、ものすごいエネルギーを発揮して、似たような優良企業に入社できたとしても、彼自身が本当に幸せをつかめるかどうかは疑問だ。

動機が動機だ、またまた他人との比較に苦しみ、再び転職したくなるのがオチだろう。

だいたい**比較するときは、他人の恵まれている羨**《うらや》**ましい部分ばかりに目が向く。**

しかし、世の中の人は、他人が思っているほど「幸せ」ではない。**その人なりの深刻な事情を二つや三つは抱え、なんだかんだで悩みが尽きない**はず。だからといって、表立って「転職して苦労している」などという顔は見せてくれないものである。

「相手のいい面」と「自分の悪い面」だけを比較し、嫉妬に狂っているなんて、どれだけ愚かなことなのか、わかってほしい。

そうやって**他人との比較でしか〝自分の基準〟を測れない可哀相な人は、幸せになりにくい。**他人との比較は、永久に「不幸の元」だ。

比較地獄から脱出するには、嫉妬心を認め、頭《こうべ》を垂れて**「分相応」をわきまえること。**

あなたはあなたでしかないのだ。そして、誰の人生でもないのである。

鬼100則 93

時代を先取りする情熱家を「モデリング」せよ

人との「比較」は最悪であるといったが、転職で成功している人を参考にすることは間違いではない。というよりも、むしろ積極的に〝その生き方〟をモデリングするべきだ。

私はいつも、**「転職で失敗するタイプはどんな人ですか？」と聞かれたら、「ネガティブな頑固者」だと即答している。**

〝理屈先行型〟の頑固なエリートさんは、転職感度が低く、行動力が乏しい傾向にあるようだ。総じて理屈先行型の人は、良縁を引き寄せない。要するに、感じる力が弱いのだ。だから、情報をシャットアウトした狭い世界で生きている。

自分一人しか信じられない〝過信タイプ〟といったほうが適切かもしれない。自分の考え方、自分の動き方をなかなか変えられず、私がどんなにタイムリーなアドバイスをしたところで、馬耳東風である。

一生このまま組織の社畜でいいというのなら、どうぞお気に召すままに、である。頑固な自分らしく、転職など考えることなく我慢我慢の不幸な人生を生きるのもいいだろう。

もちろん、独自の転職路線があるなら、それを突っ走るのも悪くない。どれだけ頑固一徹に生きようと、それはあなたの自由だ。

もし、「いや、違う。幸せな転職をしたい」と心底思うなら、柔軟に時代を先取りする感性の高い「ポジティブな情熱家」と親しくつき合うに限る。そして、**彼らの〝成功体験〟を参考にして、徹底的にモデリングすること**だ。

転職に限らず、やはり、いつの時代、何事においても、「ポジティブな情熱家」が成功する大原則は否めないようである。

これからは、**転職に成功しているオープンで「ポジティブな情熱家」を見つけ、いい意味でのストーカーになってほしい。**できる限りの時間を共にし、モデリングすることをお勧めしたい。

仮にその相手が、時間を共にできない遠い存在であるなら、想像でもかまわない。

「あの人だったら、ここでどう動くだろうか」

〝あの人〟を判断基準にして、転職活動の指針を決めていくという手もある。

その上で、オリジナルを超えるオリジナリティを追求すればいいのだ。

鬼100則 94

同期のサクラ「ナンバー1」と共に戦い抜け

新卒で入った会社ならば、同期の社員が何人もいることだろう。きっとあなたは気の合うメンバーと仲よくなるはずだ。ときには熱い議論を交わし、夢を語り合うこともあるだろう。仲間たちと競い合い、高め合う時間は、かけがえのない財産となる。

大いに組織内の「友情」を育んでもらいたい。学生時代の甘っちょろい友情と違い、厳しいビジネスの世界でもまれていく間柄だ。それはある意味、「戦友」であるといってもいいだろう。

であるならば、食うか食われるかの戦場で共に戦っていく相手である。軽いノリでぴーちくぱーちくとじゃれ合い、**ただ居心地のいいだけの戦友では、それこそ〝命〟にかかわる。**よくよく吟味し、相棒を選んでほしい。

楽しく酒が飲める、趣味嗜好が合う、冗談をいい合える、などという関係は、もう学生時代で卒業してほしいものだ。

また、スリリングな〝悪友〟との関係も、学生時代まででおしまいだ。不真面目な遊び人と交流を持ってもマイナス要素しかない。噂話やゴシップ好きのネガティブな暇人につき合っている暇もないだろう。

社会人になったからといって、いつも「強い自分」を律していられるわけではない。仕事嫌いな怠け者に巻き込まれたら、あなたは易きに流されてしまうだけだ。

よって、戦友は意識的に「選別」しなければならない。

親しくなるべき**戦友のわかりやすい目安は、仕事の「成果」を上げている社員かどうか**である。営業職のように成績がはっきりとわかる職種でなくとも、研修中の振る舞いからはじまり、上司・同僚からの評判を聞けばわかる。

あなたが心から「すごい」と認める相手と、公私共に親しくすることである。

最も仲間になりたい戦友とは、「同期ナンバー1社員」でないだろうか。輝いているナンバー1社員からは、学ぶべきことがたくさんあるだけでなく、前向きな波動や眩しい仕事振りから刺激を受けないはずがない。

何よりも**切磋琢磨した経験は、転職のステージに立ったとき、大いに役立つ。**

さあ、次のステージで「ナンバー1社員」になるのは、あなただ！

鬼100則 95

「最期の転職」へ死ぬ気で生き切れ

大昔から、人生には三つの真実がある、といわれている。一つ目は「人は必ず死ぬ」。二つ目は「いつ死ぬかわからない」。三つ目は「その人生は一度しかない」という普遍の真実だ。それらを誰一人として否定することはできないはずである。

残念ながら、あなたにも、必ずお墓に入る日が訪れる。万が一の話ではない。万が万の話だ。100パーセント間違いなく「死」はやってくるのだから……。

しかも恐ろしいことに、いついかなるときに「死」がやってくるかわからない。したがって私たちは普段、その辛い真実を、深く考えないよう目をつぶって暮らしている。

ではここで、一度しかない自らの人生を、精一杯まっとうしたいと願うあなたに問いたい。**転職活動のゴールに、はたして「期限の札」はぶら下がっているのか、**ということを。

私が問うゴールというのは、企業から届く「内定通知」のことではない。あなたが心から叶えたいと願う、人生の目的や目標のことだ。

しかし、「いつか叶うといいな」というその願望は、明日の死を意識することなく、先延ばしにしている人に叶えられることはない。「そのうち」「いつか」は、永遠に訪れない。人生の締切日は、「今日」「いま」「すぐ」なのだ。

日常の仕事においても、「そのうち」と後回しにしがちなあなたは、締め切り直前になると尻に火がつき、「こうしてはいられない」と、いつも以上のパワーを発揮しはじめるのではないだろうか。

それと同様に、**明日やってくるかもしれない「締切日＝人生の最期」を意識し、今日という日を愚直に〝生き切る〟こと**さえできれば、目標に向かって積極的な〝生命力〟がみなぎってくる。そして、スピードも活力も飛躍的にアップしていくのである。

ではここで、そのマインドを持つための秘訣を伝授しておきたい。

それは、**明日の死を覚悟して、家族宛てに「遺書」を書くこと。**自分の人生に期限が迫っているという現実を意識しながら、愛する人へ「最期のラブレター」を書くのだ。

そうして明日の死と真摯に向き合うからこそ、**自分らしい生き方が見えてくる。本当に自分がしたいことや目指すもの、そう、真実の「転職先」が見えてくる**のである。

ぜひ、これを〝最期の転職〟にしてほしい。

鬼100則 96

「インテグリティ・パワー」で道を開け

ここまで読み込んできて、まだ何かピンときていない読者がいるとしたら、もうそろそろこのへんでいい加減に「偽者」である自分を受け入れてみてはどうだろうか。

本物の自分で生きていかなければ、いいご縁（転職先）は得られない。しかし、日々耳障りのいい綺麗ごとで気持ちよくなっているあなたの場合、持っているのは「見せかけだけの自信」だけなのかもしれない。

本物の自分を〝喪失〟しているとき、これはもう何をやってもうまくいかない。どれだけ「自信を持たなければ……」と自分にいい聞かせたところで、道は開けない。

ではここで、自信を喪失している深層心理のメカニズムを教えてあげよう。

〝魂〟の根っこを蝕んでいるのは、「自分は価値の低い、悪徳な人間である」という後ろめたさや罪悪感なのである。

〝高潔〟レベルと〝能力〟レベルとは、まったく別次元であると理解してほしい。

「高潔さ（インティグリティ）」とは、綺麗ごとでとり繕った誠実さというよりは、**目先の利欲に心を動かされることなく、一貫して厳格な態度で自己を律することができる、公平で健全で清廉潔白な美しい倫理観**のことだ。

いい職場に恵まれないビジネスパーソンというのは、「インティグリティ」を磨くという、本来なら最優先すべき努力を怠っている。自信をコントロールできないのは、インティグリティの欠如した無秩序な「もう一人のあなた」が後ろめたさや罪悪感をつくり出しているからだ。「もう一人の偽者の自分」から幽体離脱して、俯瞰してみれば、そこには、短絡的な行動や目先の利益に走っているあなたが見えてくるはずである。

インティグリティを土台にした生き方に改心できたとき、「もう一人の偽者」は消えていく。高潔に生き「自尊心」を養うことができれば、あなたは本来のあなたらしく、自信に満ちあふれ、転職活動に勇往邁進することができるのだ。

嘘をつかない、時間を守る、挨拶をする、人を裏切らない、親孝行する、早起きする、掃除する、募金する、席を譲るなど、誰にでも正しい倫理観というものがあるはずだ。

転職を成功させたいのなら、日常の些細なことからその正しい倫理観を育て、自らの「インティグリティ・パワー」に磨きをかけることである。

「根拠のない自信」を覚醒させろ

「自信」を育てるには、**良心に反する日常生活の悪い行いを、今すぐに〝鬼捨離〟することである。**私はその行いを、わかりやすく「ダーティー行為」と名づけた。

まずは、**自分がされたら嫌なダーティー行為。**

たとえば、相手を無視して挨拶もしない。気の弱い後輩をイジめる。仲間外れにする。お金を借りても返さない。辛辣な嫌味や皮肉をいって人を傷つけたり、陰口をいいふらす。会社の文句ばかりいって士気を下げる。トラブルの元をつくってチーム内をかき回す。仲間を裏切って上司へ誹謗中傷の密告をする。

次に、**見て見ぬふりをするダーティー行為。**

たとえば、お年寄りに席を譲らず寝たふりをする。イジメに遭う同僚を見ても無関心を装う。友人の交通違反を容認する。つり銭が多くても知らん顔をして返さない。不正の隠ぺいを知りながら虚偽の報告をする。整理整頓せず散らかす。道に迷っている人を無視して助けない。オフィスで鳴り響く電話に出ようとしない。

さらに、**意図的なダーティー行為。**

たとえば、置き傘を盗んで持ち去る。店員さんに怒鳴り散らす。遅刻していつも人を待たせる。デメリットを隠しお客様に嘘をつく。会社の備品を持って帰る。人を待たずにエレベーターの閉めるボタンを押す。ゴルフのスコアをごまかす。親不孝をする。交際費を不正に落とす。人を押しのけて電車に乗る。ズル休みする。

最後に、**道徳的価値観に反するダーティー行為。**

たとえば、税金の支払いをごまかす。ゴミやタバコをポイ捨てする。列に並ばず横入りする。悪酔いし迷惑をかける。公衆の場で大声で電話する。公共施設を汚す。ペットが散歩中に汚した糞を片づけない。運賃を不正にごまかす。電車で足を組むなどの迷惑行為をなんとも思わない。社会的弱者への思いやりがない。

以上のような、せこいダーティー行為をやめない限り、本物の自信はつかない。**誰も見ていないかもしれないが、あなた自身の良心はその行為を見ている。**あなただって、悪い奴は嫌いなはずだ。だからこそ、「好きになれる自分」になること。

そうすれば**「根拠のない自信」がつき、転職もうまくいく。**すぐにお試しあれ。

鬼100則 98

我慢せず 享楽にも溺れず「自分自身」を大切に扱え

自信をつけるために、もう一つ、大事なことをつけ加えておく。

「ダーティー行為」の中でも見過ごされやすいのは、**自分自身に対する「ダーティー行為」である。**これは、特に注意が必要だ。**たとえば、次のような「我慢」は大敵**だ。

「周囲に気を遣って自己主張できず、退職したいことさえいい出せない」

人が好《よ》すぎるのも困ったものだ。

「パワハラ・セクハラにも抵抗せず、ひたすら我慢をし、現職に留まる」

堂々と闘うのか、それとも、今すぐに辞めるべきだ。

「嫌な人の誘いを断り切れずにつき合わされ、貴重な時間を失っていく」

キャリアを積むためにも、自分の時間を確保すべきである。

「DVに耐えに耐えて離婚せず、好きでもないパートナーと暮らしている」

これではとても転職を考える余裕などないだろう。

「体調不良や体に痛みがあっても、多忙を理由に病院へ行かない」

そのまま放っておくと、いざ転職というとき、その病気が仇になる。

「家庭を犠牲にした残業や休日出勤で、ストイックに働く」

それでは、幸せになれない。

さらにたとえるなら、次のような「怠惰や享楽」も大敵である。

「深夜に及ぶ過剰な飲酒や不健康な暴飲暴食によって肥満体となる」

健康を損ない、外見の第一印象も悪くなれば、面接においても不利になる。

「生活水準をはるかに超えた散財やギャンブルのために借金までする」

経済的に追い込まれた状態で転職したところで、いい判断ができるとは思えない。

「タバコをやめたくてもやめられないほどのヘビースモーカーとなる」

今の時代、社会的な評価はガタ落ちだ。病気へのリスクを負うことはいうまでもない。

以上、**これらの行為はすべて、自分のためになっていない。まさに、自分が自分に対して行っている不正行為だ。**

「我慢」は美徳ではなく、人生の冒とくであり、「怠惰や享楽」は最大の背徳なのだ。**自分を大切に扱えない人が、よりよい人生の選択＝転職など、できるわけがない**のである。

鬼100則 99

「水の如く」転職せよ

水がなければ、人は生きていけない。と同様に、働かなければ、人は生きていけない。

その昔、あれはたしかミネラルウォーターの広告だったか。恵比寿駅のホームで「地球は70％が水。人間も70％が水。とても偶然とは思えない」というコピーが目に入ってきた。なるほど、本当に偶然とは思えない、と膝を打った記憶がある。

水といえば、若かりし頃の私は、「上善如水」という日本酒が好きで、まさに、水のようにぐいぐい飲み干したものである。「上善、水の如し」とは、**「人間にとって最善の生き方とは、水のように生きること」**という意味らしい。

私が好きな名言にも、黒田如水による「水五訓」がある。

一、自ら活動して他を動かすは「水」なり

一、障害に遭いて激しく、その勢いを百倍にするは「水」なり

一、常に己れの進路を求めて止まざるは「水」なり

一、自らを潔うして他の汚濁を洗い、清濁併せ容るるは「水」なり
一、洋々として大洋を満たし、発しては雲となり雨と変じ、凝っては玲瓏《れいろう》たる氷雪《ひょうせつ》と化し、しかもその性を失わざるは「水」なり

これをそのまま「転職五訓」に置き換えても、いい得て妙である。

一、自ら活動して他を動かすは「転職」なり
一、障害に遭いて激しく、その勢いを百倍にするは「転職」なり
一、常に己れの進路を求めて止まざるは「転職」なり
一、自らを潔うして他の汚濁を洗い、清濁併せ容るるは「転職」なり
一、洋々として大洋を満たし、発しては雲となり雨と変じ、凝っては玲瓏たる氷雪と化し、しかもその性を失わざるは「転職」なり

組織にとっても、水のように生きる人は、貴重な存在だ。水がなければ、みんな困ってしまう。「あの人が組織にいないと困る」といわれる水のような存在になりたい。

「あの人は会社にとって絶対に必要だ」と思われたら、その転職は万々歳ではないか。

これからもずっと、自らの進路を求め、止まらないでほしい。

そう、まるで「水」のように。

「なりたいもの」になれ

ここまで生きてきて、しみじみ思う。そして、今こうして転職についての本を書きながらも、骨身にしみて、ひしひしと感じる。

人間とは、なりたいものになるのだ、ということを。

なんだかんだいいながら……、すったもんだしながら……、あっちに行ったりこっちに行ったりしながら……、結局、なりたい自分になっちゃうものだ。そう、意識しても意識しなくても、「望んだ自分」になっている。

私はこれまで、多くのビジネスパーソンと出会い、職務上、数えきれないほどの履歴書を分析し、面接でも人の歴史を深掘りしてきたが、だいたいが自分の歩みたい道を歩み、自分の思い通りに〝成功〟しているようである。いや、これは決して厭味ではない。

地球上に生きとし生けるもの、すべての人間が、心に従ってやりたいことをやっている。そして、なりたい自分になっている。

だから**今のあなたは、あなたがなりたかった姿そのもの**なのだ。誰がなんといおうと、それは絶対間違いのないこと。

「いや、全然、なりたい自分になんかなっていない」「自分の理想とは、ほど遠いところにいる」「むしろ逆だ。そんな説は嘘っぱちだ！」と、あなたが顔を真っ赤にして徹底抗戦している姿が目に浮かぶ。

だが、断言したい。今、あなたがなっているその自分こそが、正真正銘の「これまでなし遂げた結果」なのだ。兎にも角にも、**まずそこを認めないと、転職したってうまくいかない。**だって、そこと直面して認めない限り、同じことの繰り返しだから。

人間、本当になりたいと思っている自分にはなれるが、なれたらいいなあと漠然と願っているだけの自分にはなれない。それが真理である。

きっと、本来の自分は、「まだまだこんなもんじゃない」とでも釈明したいのだろう。「職場を変えればもっと力を発揮できる」とでも弁解したいのだろう。「本気でやればもっともっとできる」とでもいい逃れしたいのだろう。

だったら、**「もっと本気でやれ！」といいたくなる。「ただ、やらないから、できないだけだろ！」と吠えたくなる。**

あとがき

人生を賭けて、「キャリア採用の真髄」を探求してきたこの私が、実体験を通じて修得した〝転職の極意〟をまとめ上げ、今ここに「鬼の巻」を公表するに至った。膨大な採用・面接データを基に到達した、リアルな鬼100則である。

自画自賛で恐縮だ。しかしながら、ここまで濃密なコンテンツが詰まった転職指南書は、いまだかつて存在しなかったし、未来永劫、誰にも書けないのではないかと、勝手に自負している次第である。

それほどの熱血作品となった。完成した瞬間は、涙があふれるほどに感慨深く、心の底から感動した。今もなお、感無量である。

そもそも〝鬼の定義〟とは、いったい何なのか。それは、**「あなたが元来持っているにもかかわらず、普段は発揮しきれていない忍耐強さやバイタリティを活かし、理性と知性**

と愛を持って願望を叶えていく途轍もない力のこと」である。

あなたの心の奥底に眠っていた「転職の鬼」が、目を覚ましてむくむくと起き出し、転職へのモチベーションが高まったのであれば、そう、あなたはもともと、その力を持っていたということになる。

ただ今までは、その鬼が居眠りをしていただけなのである。

本書を読み終えて、あなたはどう感じただろうか。

転職魂に火がついたのか。それとも、逆に現職に留まり再起を図ろうと決意を新たにしているのか。私にとっては、どちらでもかまわない。

どちらにせよ、あなたの人生に勇気と希望を与えられたのなら、それでいい。

どれだけ私が転職によって人生を切り開いてきたのか、どれだけ私が目の前の仕事に心血を注いできたのか。共感してもらえたのなら幸いだ。

あなたのビジネス戦線においても、同様のパワーを発揮し、立ちはだかる高い壁を、次々と乗り越えてほしいものである。

本書が、前々作の『営業の鬼100則』、前作の『リーダーの鬼100則』同様に、永く後世のビジネスパーソンへと語り継がれていくロングセラーとなってくれることを、心から願ってやまない。

最後になったが、このたびの「鬼シリーズ第3弾」の出版にあたり、明日香出版社の方々からは多大なるご協力を賜り、この機会を得た。

そして何より、前作、前々作以上に、編集担当の古川創一氏からの「鬼」のように的確なアドバイスと、「仏」のように心温まる励ましによって、ここに本書が誕生した。

謹んで関係者の方々に感謝申し上げたい。

2020年2月吉日

早川 勝

■著者略歴
早川　勝（はやかわ　まさる）

神奈川県に生まれる。

世界有数のフィナンシャルグループを母体とする外資系生命保険会社に転職して以来30年間で、主にスカウティング、ヘッドハンティングに従事する営業所長・支社長として、圧倒的なトップクラスのリクルート実績を上げ続け、数々のタイトルを獲得。

その後、自らも転職によりキャリアアップを果たし、組織の統括部長や営業本部長として、延べ数千名の採用面接や人材コンサルティングに関わってきた。

現在も、全国の支社を統括する本社部門の面接官として、日々、採用応募者の選考に明け暮れている。


主な著書に、ベストセラーとなった『リーダーの鬼100則』『営業の鬼100則』（ともに小社刊）、『死ぬ気で働いたあとの世界を君は見たくないか』（かんき出版）をはじめとする「死ぬ気シリーズ・4部作」や、『どん底営業チームを全国トップに変えた魔法のひと言』（日本能率協会マネメントセンター）、『「最高の結果」はすべてを「捨てた」後にやってくる』（総合法令出版）、『ツイてない僕を成功に導いた強運の神様』（大和書房）、『やる気があふれて止まらない』（きずな出版）など14作品ほか、海外翻訳版も多数。

本書の内容に関するお問い合わせ
明日香出版社　編集部
☎(03) 5395-7651

転職《てんしょく》の鬼《おに》 100 則《そく》

2020年　2月　22日　初版発行

著　者　早《はや》　川《かわ》　勝《まさる》
発行者　石　野　栄　一

明日香出版社
〒112-0005 東京都文京区水道 2-11-5
電話 (03) 5395-7650（代 表）
(03) 5395-7654（FAX）
郵便振替 00150-6-183481
http://www.asuka-g.co.jp

■スタッフ■　編集　小林勝／久松圭祐／古川創一／藤田知子／田中裕也
営業　渡辺久夫／奥本達哉／横尾一樹／関山美保子／藤本さやか
財務　早川朋子

印刷　美研プリンティング株式会社
製本　根本製本株式会社
ISBN 978-4-7569-2073-7 C0036

編集担当　古川創一

営業の鬼 100 則

早川　勝

常に営業で実績を上げ続けている人はどのような考えで、行動しているのでしょうか。自分で律していること、営業準備、コミュニケーション、習慣、考え方などを厳しい兄貴目線で紹介していきます。心がけ次第で誰でもできるが、それを継続していくのは難しいテーマや、少しストイックに感じるメッセージも紹介していきます。

本体価格 1500 円＋税　B6 並製　232 ページ
ISBN978-4-7569-1989-2　2018/09 発行

リーダーの鬼 100 則

早川　勝

すぐれたリーダーとしてチームを引っ張る、もしくは個人の能力をあげるにはどうしたらいいか？
マネジメント、コーチング、自分を律するための習慣や考え方などを全 100 項目でやや厳しい視点で解説します。
前作踏襲。背中を押してくれる力強さがみなぎってきます。

本体価格 1500 円＋税　B6 並製　232 ページ
ISBN978-4-7569-2029-4　2019/05 発行